电力工程施工现场人员岗位培训教材

造价员

ZAOJIAYUAN

孟祥泽 主 编

宫金凤 刘丙伟 周茂建 崔居洪 副主编

中国电力出版社
CHINA ELECTRIC POWER PRESS

内容提要

本书为"电力工程施工现场人员岗位培训教材"《造价员》分册。

本书主要介绍了电力工程施工现场造价员的岗位职责和工作内容,应掌握的专业技术知识和管理知识,以及有关的法规、标准等。全书共分七章,包括:综述,电力工程预算费用的构成,工程指标与定额及成本管理,建设预算的编制,电力工程项目划分与工程量计算,工程量清单和清单计价,案例。

本书可供电力施工企业及其项目部、二级施工单位造价员和相关技术、管理人员使用,相关高校师生亦可参考。

图书在版编目（CIP）数据

造价员 / 孟祥泽主编 . —北京：中国电力出版社，2022.10
电力工程施工现场人员岗位培训教材
ISBN 978-7-5198-6857-4

Ⅰ.①造… Ⅱ.①孟… Ⅲ.①电力工程 – 建筑造价管理 – 岗位培训 – 教材 Ⅳ.① F407.61

中国版本图书馆 CIP 数据核字（2022）第 105345 号

出版发行：中国电力出版社
地　　址：北京市东城区北京站西街 19 号（邮政编码 100005）
网　　址：http://www.cepp.sgcc.com.cn
责任编辑：韩世韬　孙建英（010-63412369）
责任校对：王小鹏
装帧设计：赵姗姗
责任印制：吴　迪

印　　刷：三河市万龙印装有限公司
版　　次：2022 年 10 月第一版
印　　次：2022 年 10 月北京第一次印刷
开　　本：710 毫米 ×980 毫米　16 开本
印　　张：10.75
字　　数：194 千字
印　　数：0001—1000 册
定　　价：45.00 元

版权专有　侵权必究

本书如有印装质量问题，我社营销中心负责退换

电力工程施工现场人员岗位培训教材

造 价 员

前 言

当前，电力建设事业发展迅速，科学技术日新月异，新标准、新法规相继颁布。活跃在施工现场一线的技术管理人员，其业务水平和管理水平的高低，已经成为决定电力建设工程能否有序、高效、高质量完成的关键。为满足施工现场技术管理人员对业务知识的需求，我们在深入调查研究的基础上，组织相关工程技术人员编写了这套"电力工程施工现场人员岗位培训教材"，共有《技术员》《质量员》《计量员》《材料员》《造价员》《资料员》《机械员》《安全员》八个分册。

这套丛书理论联系实际，突出实践性和前瞻性，注重反映当前电力工程施工的新技术、新工艺、新材料、新设备、新流程和管理方法，也是编者多年现场工作经验的总结。

这套丛书主要介绍各类技术管理人员的岗位职责和工作内容，应掌握的专业技术知识和管理知识，以及有关的法规、标准等，是一套拿来就能学、能用的岗位培训用书。

本书为《造价员》分册，全面系统地介绍了作为施工现场的造价员所需掌握的业务知识，还收录了涉及的相关案例，用以指导造价员从业务"菜鸟"快速成长为熟练掌握各类定额、造价相关知识的业务能手，是电力工程施工现场造价员必备的工具书，有助于提高现场施工项目的造价管理水平。

本书主要内容包括：综述，电力工程预算费用的构成，工程指标与定额及成本管理，建设预算的编制，电力工程项目划分与工程量计算，工程量清单和清单计价，案例。

本书由孟祥泽担任主编，宫金凤、刘丙伟、周茂建、崔居洪担任副主编，参加编写的还有孟令晋、杨士伟、房伟杰、张鹏、徐子越、房秀玲。

本书在编写过程中，得到了中国电力出版社、中国电建集团山东电力建设第一工程有限公司、华电莱州发电有限公司、中国电建集团山东电力建设有限公司等单位的大力支持，在此表示衷心的感谢。

本书虽经反复推敲，仍难免有疏漏和不当之处，恳请广大读者提出宝贵意见。

编 者

2022 年 8 月

电力工程施工现场人员岗位培训教材

造 价 员

目 录

前言

· 第一章 · 综述 ··· 1
 第一节 工程造价的概述 ··· 1
 第二节 建筑安装工程费 ··· 5
 第三节 造价员工作职责 ·· 14

· 第二章 · 电力工程预算费用的构成 ································ 16
 第一节 术语和定义 ·· 16
 第二节 建筑安装工程费用计算规定 ······················ 18
 第三节 设备购置费和基本设备费 ·························· 20
 第四节 其他费用计算规定 ······································ 21
 第五节 动态费用 ·· 25

· 第三章 · 工程指标与定额及成本管理 ···························· 27
 第一节 投资估算指标 ··· 27
 第二节 概算指标 ·· 30
 第三节 概算定额 ·· 33
 第四节 预算定额 ·· 36
 第五节 劳动定额 ·· 42
 第六节 施工定额 ·· 53

第七节	材料消耗定额管理	57
第八节	机械设备使用及分析	64
第九节	工程成本管理	68

第四章 · 建设预算的编制 ········ 80

第一节	建设预算的编制规则及内容组成	80
第二节	投资估算	89
第三节	初步设计概算	94
第四节	施工图预算	101
第五节	施工预算	107

第五章 · 电力工程项目划分与工程量计算 ········ 112

第一节	热机专业	112
第二节	电气专业	117
第三节	土建专业	120
第四节	送电专业	122

第六章 · 工程量清单和清单计价 ········ 126

第一节	工程量清单编制	126
第二节	工程量清单计价	133

第七章 · 案例 ········ 143

第一节	建设项目投资费用	143
第二节	工程量清单编制及清单计价	145
第三节	工程结算管理	159

参考文献 ········ 166

第一章 综述

第一节 工程造价的概述

一、工程造价的定义

工程造价是指工程的建设价格,即为完成一项工程的建设,预期或实际所需的全部费用总和。从投资者(业主)和市场交易(承发包)不同角度,工程造价有两种不同的含义。

1. 从投资者(业主)的角度

从投资者(业主)的角度来定义,工程造价是指工程的建设成本,即为建设一项工程预期支付或实际支付的全部固定资产投资费用。这些费用主要包括设备及工器具购置费、建筑工程及安装工程费、工程建设其他费用、预备费、建设期利息等。尽管这些费用在建设项目的竣工决算中,按照新的财务制度和企业会计准则核算时,并没有全部形成新增固定资产价值,但这些费用是完成固定资产建设所必需的。因此,从这个意义上讲,工程造价就是建设工程项目固定资产总投资。

2. 从市场交易(承发包)的角度

从市场交易(承发包)角度来定义,工程造价是指工程价格,即为建成一项工程,预计或实际在土地、设备、技术劳务以及承包等市场上,通过招投标等交易方式所形成的建筑安装工程的价格和建设工程总价格。显然,工程造价的这种含义是指以建设工程这种特定的商品形式作为交易对象,通过招标投标或其他交易方式,在进行多次预估的基础上,最终由市场形成的价格。这里的工程既可以是涵盖范围很大的一个建设工程项目,也可以是其中的一个单项工程或单位工程,甚至可以是整个建设工程中的某个阶段,如建设项目的可行性研究、建设项目的设计,以及建设项目施工阶段的建筑安装工程、装饰装修工程,或者其中的某个组成部分。随着经济发展、技术进步、分工细化和市场的不断完善，工程建设中的中间产品也会越来越多，商品交换会更加频繁，工程价格的种类和形式也会更为丰富。尤其值得注意的是，投资主体的多元格局、资金来源的多种渠道，使相当一部分建设工程的最终产品作为商品进入了流通领域，如技术开发区的工业厂房、仓库、写字楼、公寓、商业设施和住宅开发区的大批住宅、配套公共设施等，都是投资者为实现投资利润最大化而生产的建筑产品，它们的价格是商品交易中现实存在的，是一种有加价的工程价格。

工程造价的两种含义实质上是从不同角度把握同一事物的本质。对市场经济条件下的投资者来说，工程造价就是项目投资，是"购买"工程项目要付出的价格；同时，工程造价也是投资者作为市场供给主体"出售"工程项目时确定价格和衡量投资经济效益的尺度。

二、工程造价的计价特性

1. 计价的单件性

建筑产品的单件性特点决定了每项工程都必须单独计算造价。

2. 计价的多次性

工程项目需要按一定的建设程序进行决策和实施，工程计价也需要在不同阶段多次进行，以保证工程造价计算的准确性和控制的有效性。多次计价是个逐步深化、逐步细化和逐步接近实际造价的过程。工程多次计价过程如图1-1所示。

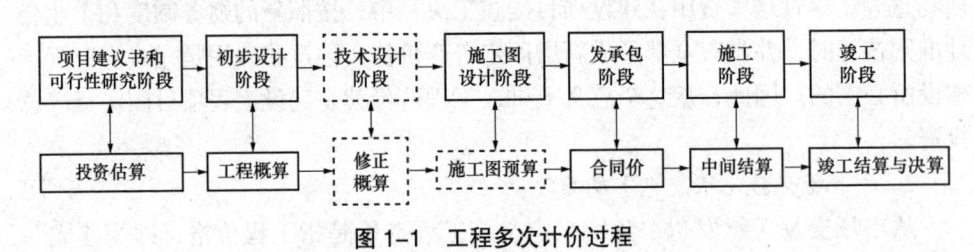

图1-1 工程多次计价过程

3. 计价的组合性

工程造价的计算是分步组合而成的，这一特征与建设项目的组合性有关。一个建设项目是一个工程综合体，它可以按单项工程、单位工程、分部工程、分项工程等不同层次分解为许多有内在联系的工程。建设项目的组合性决定了确定工程造价的逐步组合过程。工程造价的组合过程是：分部分项工程造价—单位工程造价—单项工程造价—建设项目总造价。

4. 计价方法的多样性

工程项目的多次计价有其各不相同的计价依据，每次计价的精确度要求也各不相同，由此决定了计价方法的多样性。例如，投资估算方法有设备系数法、生产能力指数估算法等；概预算方法有单价法和实物法等。不同方法有不同的适用条件，计价时应根据具体情况加以选择。

5. 计价依据的复杂性

工程项目不同阶段使用的定额不同，不同行业、不同地域，工程项目跨年度施工，因此影响工程造价的因素很多，这也决定了计价依据的复杂性。

三、工程造价在各阶段的主要管理内容

1. 工程项目策划阶段

按照有关规定编制和审核投资估算，经有关部门批准，即可作为拟建工程项目策划决策的控制造价；基于不同的投资方案进行经济评价，作为工程项目决策的重要依据。

2. 工程设计阶段

在限额设计、优化设计方案的基础上编制和审核工程概算、施工图预算。对于政府投资工程而言，经有关部门批准的工程概算，将作为拟建工程项目造价的最高限额。

3. 工程发承包阶段

进行招标策划，编制和审核工程量清单、招标控制价或标底，确定投标报价及其策略，直至确定承包合同价。

4. 工程施工阶段

进行工程计量及工程款支付管理，实施工程费用动态监控，处理工程变更、签证和索赔，进行项目分包和分包结算，编制和审核工程结算、竣工决算，处理工程保修费用等。

四、工程造价管理的基本原则

1. 以设计阶段为重点的全过程造价管理

工程造价管理贯穿于工程建设全过程的同时，应注重工程设计阶段的造价管理。工程造价管理的关键在于前期决策和设计阶段，而在项目投资决策后，控制工程造价的关键就在于设计。建设工程全寿命期费用包括工程造价和工程交付使用后的日常开支费用（含经营费用、日常维护修理费用、使用期内大修理和局部

更新费用）以及该工程使用期满后的报废拆除费用等。

我国往往将控制工程造价的主要精力放在施工阶段，侧重于审核施工图预算、结算建筑安装工程价款，对工程项目策划决策阶段的造价控制重视不够。要有效地控制工程造价，就应将工程造价管理的重点转到工程项目策划决策和设计阶段。

2. 主动控制与被动控制相结合

长期以来，人们一直把"控制"理解为目标值与实际值相比较，以及当实际值偏离目标值时，分析其产生偏差的原因并确定下一步的对策。在工程建设全过程中进行这样的工程造价控制当然是有意义的。但问题在于，这种立足于调查—分析—决策基础之上的偏离—纠偏—再偏离—再纠偏的控制是一种被动控制，因为这样做只能发现偏离，不能预防可能发生的偏离。为尽可能地减少甚至避免目标值与实际值的偏离，还必须立足于事先主动地采取控制措施，实施主动控制。也就是说，工程造价控制不仅要反映投资决策，反映设计、发包和施工，被动地控制工程造价，更要能动地影响投资决策，影响设计、发包和施工，主动地控制工程造价。

3. 技术与经济相结合

要有效地控制工程造价，应从组织、技术、经济等多方面采取措施。从组织上采取的措施，包括明确项目组织结构，明确造价控制者及其任务，明确管理职能分工；从技术上采取措施，包括重视设计多方案选择，严格审查监督初步设计、技术设计、施工图设计、施工组织设计，深入技术领域研究节约投资的可能性；从经济上采取措施，包括动态地比较造价的计划值和实际值，严格审核各项费用支出，采取对节约投资的有力奖励措施等。技术与经济相结合是控制工程造价最有效的手段。应通过技术比较、经济分析和效果评价，正确处理技术先进与经济合理两者之间的对立统一关系，力求在技术先进条件下的经济合理，在经济合理基础上的技术先进，将控制工程造价观念渗透到各项设计和施工技术措施之中。

五、工程造价的构成

工程造价中的主要构成部分是建设投资，建设投资是为完成工程项目建设，在建设期内投入且形成现金流出的全部费用。根据国家发展改革委和建设部发布的《建设项目经济评价方法与参数（第三版）》的规定，建设投资包括工程费用、工程建设其他费用和预备费三部分（见图1-2）。工程费用是指建设期内直接用于工程建造、设备购置及其安装的建投投资费用，可以分为建筑安装工程费和设备及工器具购置费；工程建设其他费用是指建设期发生的与土地使用权取得、整个工程项目建设以及未来生产经营有关的构成建设投资但不包括在工程费用中的费用。预备费是在建设期内为各种不可预见因素的变化而预留的可能增加的费用，包括基本预备费和价差预备费。

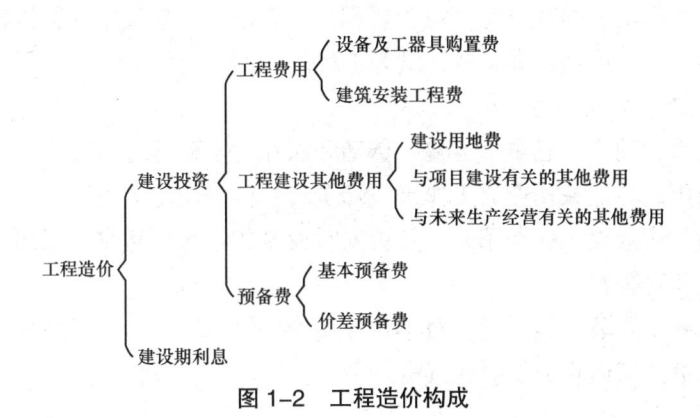

```
                            ┌ 工程费用 ────┬ 设备及工器具购置费
                            │              └ 建筑安装工程费
                            │              ┌ 建设用地费
            ┌ 建设投资 ─────┼ 工程建设其他费用 ┼ 与项目建设有关的其他费用
工程造价 ───┤              │              └ 与未来生产经营有关的其他费用
            │              └ 预备费 ──────┬ 基本预备费
            │                              └ 价差预备费
            └ 建设期利息
```

图 1-2　工程造价构成

第二节　建筑安装工程费

就工程造价的构成比例而言，建筑安装工程费并不是最积极的影响因素，但对施工者，建筑安装施工过程不可控因素多，涉及的商务管理内容点多面广，需要进行严格的质量管理、安全管理、进度计划管理、分包管理、成本管控、风险管理；对业主，自己"产品"质量好坏，"产品"的全寿命成本高低，项目整体的盈利能力也主要是在建筑安装施工阶段进行控制。现着重对工程造价中的建筑安装工程费进行介绍。

一、建筑安装工程费用内容

建筑安装工程费是指为完成工程项目建造、生产性设备及配套工程安装所需的费用，分为建筑工程费用和安装工程费用。

1. 建筑工程费用内容

（1）各类房屋建筑工程和列入房屋建筑工程预算的供水、供暖、卫生、通风、煤气等设备费用及其装设、油饰工程的费用，列入建筑工程预算的各种管道、电力、电信和电缆导线敷设工程的费用。

（2）设备基础、支柱、工作台、烟囱、水塔、水池、灰塔等建筑工程以及各种炉窑的砌筑工程和金属结构工程的费用。

（3）为施工而进行的场地平整，工程和水文地质勘察，原有建筑物和障碍物的拆除以及施工临时用水、电、气、路和完工后的场地清理，环境绿化、美化等工作的费用。

（4）矿井开凿、井巷延伸、露天矿剥离、石油、天然气钻井、修建铁路、公路、桥梁、水库、堤坝、灌渠及防洪等工程的费用。

2. 安装工程费用内容

（1）生产、动力、起重、运输、传动和医疗、实验等各种需要安装的机械设备的装配费用，与设备相连的工作台、梯子、栏杆等设施的工程费用，附属于被安装设备的管线敷设工程费用，以及被安装设备的绝缘、防腐、保温、油漆等工作的材料费和安装费。

（2）为测定安装工程质量，对单台设备进行单机试运转、对系统、设备进行系统联动无负荷试运转工作的调试费。

二、建筑安装工程费用划分

建筑安装工程费用按费用构成要素划分为人工费、材料费、施工机具使用费、企业管理费、利润、规费和税金；按照造价形式划分为分部分项工程费、措施费用、其他项目费、规费和税金。

（一）按费用构成要素划分

1. 人工费

建筑安装工程费中的人工费是指按照工资总额构成规定，支付给直接从事建筑安装工程施工作业的生产工人和附属生产单位工人的各项费用。计算人工费的基本要素有两个，即人工工日消耗量和人工日工资单价。

（1）人工工日消耗量：是指在正常施工生产条件下，生产建筑安装产品（分部分项工程或结构构件）必须消耗的某种技术等级的人工工日数量。它由分项工程所综合的各个工序劳动定额包括的基本用工、其他用工两部分组成。

（2）人工日工资单价：是指施工企业平均技术熟练程度的生产工人在每工作日（国家法定工作时间内）按规定从事施工作业应得的日工资总额。

计算公式为：

$$人工费 = \Sigma（工日消耗量 \times 日工资单价）$$

2. 材料费

建筑安装工程费中的材料费,是指工程施工过程中耗费的各种原材料、辅助材料、构配件、零件、半成品或成品、工程设备的费用。计算材料费的基本要素是材料消耗量和材料单价。

(1)材料消耗量:是指在合理使用材料的条件下,生产建筑安装产品(分部分项工程或结构构件)必须消耗的一定品种、规格的原材料、辅助材料、构配件、零件、半成品或成品等的数量。它包括材料净用量和材料不可避免的损耗量。

(2)材料单价:是指建筑材料从其来源地运到施工工地仓库直至出库形成的综合平均单价,其内容包括材料原价(或供应价格)、材料运杂费、运输损耗费、采购及保管费等。

基本计算公式为:

$$材料费 = \sum(材料消耗量 \times 材料单价)$$

(3)工程设备:是指构成或计划构成永久工程一部分的机电设备、金属结构设备、仪器装置及其他类似的设备和装置。

3. 施工机具使用费

建筑安装工程费中的施工机具使用费,是指施工作业所发生的施工机械、仪器仪表使用费或其租赁费。

(1)施工机械使用费:是指施工机械作业发生的使用费或租赁费。构成施工机械使用费的基本要素是施工机械台班消耗量和机械台班单价。基本计算公式为:

$$施工机械使用费 = \sum(施工机械台班消耗量 \times 机械台班单价)$$

施工机械台班单价通常由折旧费、大修理费、经常修理费、安拆费及场外运输费、人工费、燃料动力费和税费组成。

(2)仪器仪表使用费:是指工程施工所需使用的仪器仪表的摊销及维修费用。基本计算公式为:

$$仪器仪表使用费 = 使用的仪器仪表摊销费 + 维修费$$

4. 企业管理费

企业管理费是指建筑安装企业组织施工生产和经营管理所需的费用,内容包括:

(1)管理人员工资,指按规定支付给管理人员的计时工资、奖金、津贴补贴、加班加点工资及特殊情况下支付的工资等。

(2)办公费,指企业管理办公用的文具、纸张、账表、印刷、邮电、书报、办公软件、现场监控、会议、水电、烧水和集体取暖降温（包括现场临时宿舍取暖降温）等费用。

（3）差旅交通费，指职工因公出差、调动工作的差旅费、住勤补助费、市内交通费和误餐补助费，职工探亲路费，劳动力招募费，职工退休、退职一次性路费，工伤人员就医路费，工地转移费以及管理部门使用的交通工具的油料、燃料等费用。

（4）固定资产使用费，指管理和试验部门及附属生产单位使用的属于固定资产的房屋、设备、仪器等的折旧、大修、维修或租赁费。

（5）工具用具使用费，指企业施工生产和管理使用的不属于固定资产的工具、器具、家具、交通工具和检验、试验、测绘、消防用具等的购置、维修和摊销费。

（6）劳动保险和职工福利费，指由企业支付的职工退职金、按规定支付给离休干部的经费，集体福利费、夏季防暑降温、冬季取暖补贴、上下班交通补贴等。

（7）劳动保护费，指企业按规定发放的劳动保护用品的支出，如工作服、手套、防暑降温饮料以及在有碍身体健康的环境中施工的保健费用等。

（8）检验试验费，指施工企业按照有关标准规定，对建筑以及材料、构件和建筑安装物进行一般鉴定、检查所发生的费用，包括自设试验室进行试验所耗用的材料等费用。不包括新结构、新材料的试验费，对构件做破坏性试验及其他特殊要求检验试验的费用和建设单位委托检测机构进行检测的费用，对此类检测发生的费用，由建设单位在工程建设其他费用中列支。但对施工企业提供的具有合格证明的材料进行检测不合格的，该检测费用由施工企业支付。

（9）工会经费，是指企业按《工会法》规定的全部职工工资总额比例计提的工会经费。

（10）职工教育经费，是指按职工工资总额的规定比例计提，企业为职工进行专业技术和职业技能培训，专业技术人员继续教育、职工职业技能鉴定、职业资格认定以及根据需要对职工进行各类文化教育所发生的费用。

（11）财产保险费，是指施工管理用财产、车辆等的保险费用。

（12）财务费，是指企业为施工生产筹集资金或提供预付款担保、履约担保、职工工资支付担保等所发生的各种费用。

（13）税金，是指企业按规定缴纳的房产税、车船使用税、土地使用税、印花税等。

（14）其他，包括技术转让费、技术开发费、投标费、业务招待费、绿化费、广告费、公证费、法律顾问费、审计费、咨询费、保险费等。

企业管理费一般采用取费基数乘以费率的方法计算，取费基数有三种，分别是以分部分项工程费为计算基础，以人工费和机械费合计为计算基础，以及以人工费为计算基础。

5. 利润

利润是指完成所承包工程获得的盈利，用于维持企业正常运转和持续、健康发展，由施工企业根据企业自身需求并结合建筑市场实际自主确定。工程造价管理机构在确定计价定额中利润时，应以定额人工费或定额人工费与机械费之和作为计算基数，其费率根据历年积累的工程造价资料，并结合建筑市场实际确定，以单位（单项）工程测算。利润应列入分部分项工程和措施项目费中。

6. 规费

规费是指按国家法律、法规规定，由省级政府和省级有关权力部门规定必须缴纳或计取的费用。主要包括社会保险费、住房公积金和工程排污费。

（1）社会保险费：指由用人单位及其职工和以个人身份参加社会保险并缴纳的社会保险费，包括基本养老保险费、基本医疗保险费、工伤保险费、失业保险费和生育保险费。企业需缴纳的社会保险费包括基本养老保险基金、基本医疗保险基金、工伤保险基金、失业保险基金和生育保险基金；职工需缴纳基本养老保险费、基本医疗保险费和失业保险费。

（2）住房公积金：企业按规定标准为职工缴纳的住房公积金。

（3）工程排污费：企业按规定缴纳的施工现场工程排污费。

规费中的社会保险费和住房公积金应以定额人工费为计算基础，根据工程所在地省（自治区、直辖市）或行业建设主管部门规定费率计算。

$$社会保险费和住房公积金 = \sum（工程定额人工费 \times 社会保险费和住房公积金费率）$$

社会保险费和住房公积金费率可以每万元发承包价的生产工人人工费和管理人员工资含量与工程所在地规定的缴纳标准综合分析取定。工程排污费应按工程所在地环境保护等部门规定的标准缴纳，按实计取列入。

7. 税金

根据《关于全面推开营业税改征增值税试点的通知》（财税〔2016〕36号）规定，自2016年5月1日起，在全国范围内全面推开营业税改征增值税（以下简称营改增）试点，建筑业、房地产业、金融业、生活服务业等全部营业税纳税人，纳入试点范围。即2016年5月1日起，在中华人民共和国境内提供建筑安装业的单位和个人，为增值税纳税人，纳税人提供建筑安装业服务，由缴纳营业税改为缴纳增值税。

$$一般纳税人应纳税额 = 销项税额 - 进项税额$$

（二）按造价形成划分

建筑安装工程费按照工程造价形成由分部分项工程费、措施项目费、其他项目费、规费和税金组成。

1. 分部分项工程费

分部分项工程费是指各专业工程的分部分项工程应予列支的各项费用。各类专业工程的分部分项工程划分应遵循现行国家或行业计量规范的规定。计算公式为：

$$分部分项工程费 = \Sigma（分部分项工程量 \times 综合单价）$$

综合单价包括人工费、材料费、施工机具使用费、企业管理费和利润，以及一定范围的风险费用。

2. 措施项目费

（1）措施项目费的内容。措施项目费是指为完成建设工程施工，发生于该工程施工前和施工过程中的技术、生活、安全、环境保护等方面的费用。措施项目及其包含的内容应遵循各类专业工程的现行国家或行业计量规范。以GB 50854—2013《房屋建筑与装饰工程工程量计算规范》中的规定为例，措施项目费包括：

1）安全文明施工费，是指工程施工期间按照国家现行的环境保护、建筑施工安全、施工现场环境与卫生标准和有关规定，购置和更新施工安全防护用具及设施、改善安全生产条件和作业环境所需要的费用。通常由环境保护费、文明施工费、安全施工费、临时设施费组成。

临时设施费是指施工企业为进行建设工程施工所必须搭设的生活和生产用的临时建筑物、构筑物和其他临时设施费用，包括临时设施的搭设、维修、拆除、清理费或摊销费等。

临时设施包括：职工宿舍，办公、生活、文化、福利等公用房屋，仓库、加工厂、工棚、围墙等建、构筑物，厂区围墙范围内临时施工道路，水、电（含380V降压变压器）、通信的分支管线，建设期间的临时隔墙等。

临时设施不包含以下内容：①厂区及进场施工铁路专用线。②施工电源：施工、生活用380V变压器高压侧以外的装置和线路。③施工水源：厂外供水管道及装置,水源泵房。④施工道路:厂外道路,施工、生活区的建筑、安装共用的主干道路。⑤通信:厂外连接至施工、生活区总机的通信线路。

2)夜间施工增加费,是指因夜间施工所发生的夜班补助费、夜间施工降效、夜间施工照明设备摊销及照明用电等费用,包括:①夜间固定照明灯具和临时可移动照明灯具的设置、拆除费用。②夜间施工时,施工现场交通标志、安全标牌、警示灯的设置、移动、拆除费用。③夜间照明设备摊销及照明用电、施工人员夜班补助、夜间施工劳动效率降低等费用。

3)非夜间施工照明费,是指为保证工程施工正常进行,在地下室等特殊施工部位施工时所采用的照明设备的安拆、维护及照明用电等费用。

4)二次搬运费,是指由于施工场地条件限制而发生的材料、成品、半成品等一次运输不能达到堆放地点,必须进行二次或多次搬运的费用。

5)冬雨季施工增加费,是指在冬季或雨季施工需增加的临时设施、防滑、排除雨雪,人工及施工机械效率降低等费用。内容由以下各项组成:①冬雨(风)季施工时增加的临时设施(防寒保温、防雨、防风设施)的搭设、拆除费用。②冬雨(风)季施工时对砌体、混凝土等采用的特殊加温、保温和养护措施费用。③冬雨(风)季施工时施工现场的防滑处理,对影响施工的雨雪的清除费用。④冬雨(风)季施工时增加的临时设施、施工人员的劳动保护用品、冬雨(风)季施工劳动效率降低等费用。

6)地上、地下设施、建筑物的临时保护设施费,是指在工程施工过程中,对已建成的地上、地下设施和建筑物进行的遮盖、封闭、隔离等必要保护措施所发生的费用。

7)已完工程及设备保护费,是指竣工验收前对已完工程及设备采取的覆盖、包裹、封闭、隔离等必要保护措施所发生的费用。

8)脚手架费,是指施工需要的各种脚手架搭设、拆除、运输费用以及脚手架购置费的摊销(或租赁)费用。通常包括以下内容:①施工时可能发生的场内、场外材料搬运费用。②搭设、拆除脚手架、斜道、上料平台费用。③安全网的铺设费用。④拆除脚手架后材料的堆放费用。

9)混凝土模板及支架(撑)费,是指混凝土施工过程中需要的各种钢模板、木模板、支架等的支拆、运输费用及模板、支架的摊销(或租赁)费用。内容由以下各项组成:①混凝土施工过程中需要的各种模板制作费用。②模板安装、拆除、整理堆放及场内外运输费用。③清理模板黏结物及模内杂物,刷隔离剂等费用。

10）垂直运输费，是指现场所用材料、机具从地面运至相应高度以及职工人员上下工作面等所发生的运输费用。内容由以下各项组成：①垂直运输机械的固定装置、基础制作、安装费。②行走式垂直运输机械轨道的铺设、拆除、摊销费。

11）超高施工增加费，当单层建筑物檐口高度超过20m，多层建筑物超过6层时，可计算超高施工增加费，内容由以下各项组成：①建筑物超高引起的人工工效降低以及由于人工工效降低引起的机械降效费。②高层施工用水加压水泵的安装、拆除及工作台班费。③通信联络设备的使用及摊销费。

12）大型机械设备进出场及安拆费，是指机械整体或分体自停放地运至施工现场或由一个施工地点运至另一个施工地点所发生的机械进出场运输及转移费用，以及机械在施工现场进行安装、拆卸所需的人工费、材料费、机械费、试运转费和安装所需的辅助设施的费用。由安拆费和进出场费组成：①安拆费包括施工机械、设备在现场进行安装拆卸所需人工、材料、机械和试运转等费用。②进出场费包括施工机械、设备整体或分体自停放地点运至施工现场或由一施工地点运至另一施工地点所发生的运输、装卸、辅助材料等费用。

13）施工排水、降水费，是指将施工期间有碍施工作业和影响工程质量的水排到施工场地以外，以及防止在地下水位较高的地区开挖深基坑出现基坑浸水，地基承载力下降，在动水压力作用下还可能引起流砂、管涌和边坡失稳等现象而必须采取有效的降水和排水措施的费用。该项费用有成井和排水、降水两个独立的费用项目。

14）其他。根据项目的专业特点或所在地区不同，可能会出现其他的措施项目，如工程定位复测费和特殊地区施工增加费等。

（2）措施项目费的计算。按照有关专业计量规范规定，措施项目分为应予计量的措施项目和不宜计量的措施项目两类。

应予计量的措施项目费用计算基本与分部分项工程费的计算方法相同，其计算公式为：措施项目费 = ∑（措施项目工程量 × 综合单价）。不同的措施项目其工程量的计量单位是不同的，分列如下：

1）脚手架费，通常按建筑面积或垂直投影面积以 m^2 计算。

2）混凝土模板及支架（撑）费，通常是按照模板与现浇混凝土构件的接触面积以 m^2 计算。

3）垂直运输费，可根据需要用两种方法进行计算：如按照建筑面积，以 m^2 为单位计算；如按照施工工期日历天数，以天为单位计算。

4）超高施工增加费，通常按照建筑物超高部分的建筑面积以 m^2 为单位计算。

5）大型机械设备进出场及安拆费，通常按照机械设备的使用数量以台次为单位计算。

6）施工排水、降水费分两个不同的独立部分计算，其中成井费用通常按照设计图示尺寸以钻孔深度按 m 计算，排水、降水费用通常照排、降水日历天数按昼夜计算。

对于不宜计量的措施项目，通常用计算基数乘以费率的方法予以计算。安全文明施工费计算公式为：安全文明施工费 = 计算基数 × 安全文明施工费费率（%）。计算基数一般是定额基价（定额分部分项工程费 + 定额中可以计量的措施项目费）或是定额人工费或定额人工费与机械费之和，其费率由工程造价管理机构根据各专业工程的特点综合确定。其余不宜计量的措施项目，包括夜间施工增加费，非夜间施工照明费，二次搬运费，冬雨季施工增加费，地上、地下设施、建筑物的临时保护设施费，已完工程及设备保护费等，计算公式为：措施项目费 = 计算基数 × 措施项目费费率（%）。计算基数为定额人工费或是定额人工费与定额机械费之和，其费率由工程造价管理机构根据各专业工程特点和调查资料综合分析后确定。

3. 其他项目费

其他项目费包括暂列金额、计日工和总承包服务费。

（1）暂列金额是指建设单位在工程量清单中暂定并包括在工程合同价款中的一笔款项。用于施工合同签订时尚未确定或者不可预见的所需材料、工程设备、服务的采购，施工中可能发生的工程变更、合同约定调整因素出现时的工程价款调整以及发生的索赔、现场签证确认等的费用。

暂列金额由建设单位根据工程特点按有关计价规定估算，施工过程中由建设单位掌握使用，扣除合同价款调整后如有余额，归建设单位。

（2）计日工是指在施工过程中，施工企业完成建设单位提出的施工图纸以外的零星项目或工作所需的费用。计日工由建设单位和施工企业按施工过程中的签证计价。

（3）总承包服务费是指总承包人为配合、协调建设单位进行的专业工程发包，对建设单位自行采购的材料、工程设备等进行保管以及施工现场管理、竣工资料汇总整理等服务所需的费用。

总承包服务费由建设单位在招标控制价中根据总包服务范围和有关计价规定

编制，施工企业投标时自主报价，合同签约后按规定执行。

4. 规费和税金

规费和税金的构成和计算与按费用构成要素划分建筑安装工程费用项目组成部分是相同的，在此不再赘述。

第三节 造价员工作职责

造价员是施工现场重要的工程技术经济人员，其自身素质对工程项目的质量管理、成本管控、主合同付款与进度计划的匹配、项目的风险管控以及项目的最终盈利能力有很大影响。因此，要求预算员应具有良好的素质和职业道德，遵守造价员工作职责。

一、造价员的职业道德

（1）遵守国家法律、法规和政策，遵守职业道德，维护企业利益。

（2）认真执行国家有关工程建设的法律、法规、标准、规程和制度。

（3）热爱本职工作，爱岗敬业，勤奋工作，一丝不苟，团结合作。

（4）诚实守信，尽职尽责，不得有欺诈、伪造和造假行为。

（5）廉洁自律，不得索取、收受利益相关方的礼金和礼品。

（6）努力学习专业技术知识，不断提高业务能力和水平。

（7）对业务范围内的资料有保密义务。

二、造价员的工作职责

（1）认真学习、贯彻执行国家和建设行政管理部门、电力行业主管部门制定的建筑经济法规、规定、定额、标准和费率。

（2）掌握并熟悉各项定额、取费标准和计算方法，其中包括国家和本地区、本行业的规定，在项目不同阶段，编制项目的初步设计概算、执行概算、施工图预算、竣工结算和项目决算。

（3）熟悉与工程的相关的基础材料（包括施工组织设计和甲、乙双方有关工程的文件）及施工现场情况，了解采用的施工工艺和方法。

（4）熟悉施工图纸（包括其说明及有关标准图集），参与图纸会审，参与投标项目的预算编制。

（5）全面进行项目的商务管理，包括主合同管理、分包管理、现场签证、成本管理、索赔管理、风险管理、"两金"管理，了解并掌握建造合同、营改增等财务知识。

（6）经常深入现场，对设计变更、现场工程施工方法更改材料价差，以及施工图预算中的错算、漏算、重算等问题，能及时做好调整方案。

（7）根据施工预算开展经济活动分析，进行"两算"对比，协助工程项目部搞好经济核算。

第二章　电力工程预算费用的构成

第一节　术语和定义

建设预算费用是由建筑工程费、设备购置费、安装工程费、其他费用、基本预备费和价差预备费、建设期贷款利息构成的。其中建筑工程费、设备购置费、安装工程费、其他费用、基本预备费称为静态费用，价差预备费和建设期贷款利息称为动态费用。

（1）建设预算，是指以具体的建设工程项目为对象，在项目不同阶段设计中，根据相应的估算指标、概算定额、预算定额以及相应的取费标准，对工程各项费用的预测和计算，包括项目建议书和可行性研究阶段的投资估算，初步设计概算、施工图预算等，统称为建设预算。

（2）投资估算，是指以可行性研究文件、方案设计为依据，按照估算指标或概算定额以及相应的取费标准，对拟建项目所需的总投资进行预测和计算，经具有相关专业资格人员根据建设预算编制办法进行编制，形成的技术经济文件。

（3）初步设计概算，是指以初步设计文件为依据，按照概算定额及相应的取费标准，对建设项目总投资及构成进行预测和计算，经具有相关专业资格人员根据建设预算编制办法进行编制，形成的技术经济文件。

（4）施工图预算，是指以施工图设计文件为依据，按照预算定额和相应的取费标准，对建设项目总投资及构成进行预测和计算，经具有相关专业资格人员根据建设预算编制办法进行编制，形成的技术经济文件。

（5）工程结算，是指承、发包双方根据合同约定，对实施中、终止、竣工的工程项目，依据工程资料进行工程量计算和核定，对合同价款进行计算、调整和确认，经具有相关专业资格人员根据合同和电力行业工程结算规定进行编制，形成的成品文件。

（6）竣工决算，是指建设工程项目完工交付之后，由项目法人单位根据有关规定，将项目从筹划到竣工投资全过程的全部实际费用进行收集、整理和分析，按照规定格式编制竣工决算，反映建设项目实际造价和投资效果的成品文件。

（7）建筑安装工程费用：建筑工程费是指对构成建设项目的各类建筑物、构筑物等设施工程进行施工，使之达到设计要求及功能所需要的费用；安装工程费是指对建设项目中构成生产工艺系统的各类设备、管道、线缆及其辅助装置进行组合、装配和调试，使之达到设计要求的功能指标所需要的费用。费用内容包括直接费、间接费、利润和税金。

（8）设备购置费，是指为项目建设而购置或自制的各种设备，并将设备运至施工现场指定位置所支出的费用，包括设备费和设备运杂费。设备费是指按照设备供货价格购置设备所支付的费用；设备运杂费是指自设备供货地点运至施工现场指定位置发生的费用，含设备上站费、下站费、运输费、运输保险费以及仓储保管费。

（9）其他费用，是指为完成工程项目建设所必需的，但不属于建筑工程费、安装工程费、设备购置费的其他相关费用，包括建设场地征用及清理费、项目建设管理费、项目建设技术服务费、整套启动试运费、生产准备费、大件运输措施费。

（10）基本预备费，是指因设计变更（含施工过程中工程量增减、设备改型、材料代用）增加的费用、一般自然灾害（不可抗力除外）可能造成的损失和预防自然灾害所采取的临时措施费用，以及其他不确定因素可能造成的损失而预留的工程建设资金。

（11）动态费用，是指对构成工程造价的各要素在建设预算编制基准期至竣工验收期间，因时间和市场价格变化而引起的价格增长和资金成本增加所发生的费用，主要包括价差预备费和建设期贷款利息。

（12）建设预算编制基准期，是指建设预算编制时的基准日历时点，在确定建设预算编制基准期时，应将时间至少确认到编制基准月份。此基准日历月份的确定，主要是用于编制建设项目预算的基准期价差。

（13）编制基准期价差，是指建设预算编制基准期价格水平与电力行业定额管理部门规定的取费价格之间的差额。编制基准期价差包括人工费价差、消耗性材料价差、施工机械使用费价差和装置性材料价差。

第二节　建筑安装工程费用计算规定

建筑安装工程费＝直接费＋间接费＋利润＋编制基准期价差＋税金。现一一介绍各项费用的包含内容及计算规定。

一、直接费

直接费＝直接工程费＋措施费。

1. 直接工程费

直接工程费是指定额基价中的人工费、消耗性材料费和机械费，装置性材料费，以及依据电力工程定额管理规定对人、材、机的调整金额。其中装置性材料费＝装置性材料用量 × 材料预算价格。

2. 措施费

措施费＝冬雨季施工增加费＋夜间施工增加费＋施工工具用具使用费＋特殊工程技术培训费＋大型施工机械安拆与轨道铺拆费＋特殊地区施工增加费＋临时设施费＋施工机械迁移费＋安全文明施工费。

（1）冬雨季施工增加费：

1）安装工程冬雨季施工增加费＝人工费 × 费率。

2）建设工程冬雨季施工增加费＝直接工程费 × 费率。

（2）夜间施工增加费：

1）安装工程夜间施工增加费＝人工费 × 费率。

2）建设工程夜间施工增加费＝直接工程费 × 费率。

（3）施工工具用具使用费：

1）安装工程施工工具用具使用费＝人工费 × 费率。

2）建设工程施工工具用具使用费＝直接工程费 × 费率。

（4）特殊工程技术培训费：

此费用只在安装工程热力系统各单位工程中计列。

安装工程特殊工程技术培训费＝人工费 × 费率。

（5）大型施工机械安拆与轨道铺拆费：此费用只在建筑工程（燃煤发电工程的烟囱工程除外）和安装工程的热力系统各单位工程中计列，分系统调试、整套启动调试、特殊调试工程中不计取本费用。

1）安装工程大型施工机械安拆与轨道铺拆费＝人工费 × 费率。

2）建设工程大型施工机械安拆与轨道铺拆费＝直接工程费 × 费率。

（6）特殊地区施工增加费：如工程项目建设在高海拔地区、高纬度寒冷地区和酷热地区，才计取此费用，高海拔地区是指厂址平均海拔在3000m以上的地区；高纬度寒冷地区指北纬45°以北地区；酷热地区指面积在1万km^{2}以上的沙漠地区，以及新疆吐鲁番地区。

1）安装工程特殊地区施工增加费＝人工费 × 费率。

2）建设工程特殊地区施工增加费＝直接工程费 × 费率。

（7）临时设施费。安装工程、建筑工程临时设施费＝直接工程费 × 费率，扩建工程费率＝新建工程费率×0.9。

（8）施工机构迁移费：

1）安装工程施工机构迁移费＝人工费 × 费率。

2）建设工程施工机构迁移费＝直接工程费 × 费率。

（9）安全文明施工费。

安装工程、建筑工程安全文明施工费＝直接工程费 × 费率。

二、间接费

间接费＝规费＋企业管理费＋施工企业配合调试费。

1. 规费＝社会保险费＋住房公积金＋危险作业意外伤害保险费

（1）社会保险费：

1）安装工程社会保险费＝人工费 ×1.6× 费率。

2）建设工程社会保险费＝直接工程费 ×0.18× 费率。

缴费的费率是指工程所在省（自治区、直辖市）社会保障机构颁布的以工资总额为基数计取的基本养老保险、失业保险、基本医疗保险、生育保险、工伤保险费率之和。

（2）住房公积金：

1）安装工程住房公积金＝人工费 ×1.6× 费率。

2）建设工程住房公积金＝直接工程费 ×0.18× 费率。

缴费的费率按照所在地政府部门公布的费率执行。

（3）危险作业意外伤害保险费：

1）安装工程危险作业意外伤害保险费＝人工费 ×0.15%。

2）建设工程危险作业意外伤害保险费＝直接工程费 ×2.31%。

2. 企业管理费

（1）安装工程企业管理费 = 人工费 × 费率。

（2）建设工程企业管理费 = 直接工程费 × 费率。

3. 施工企业配合调试费

安装工程、建筑工程施工企业配合调试费 =（直接工程费 + 规费）× 费率。

三、利润

利润 =（直接费 + 间接费）× 费率。

四、钢结构工程、灰坝工程及大型土石方综合取费

发电工程的钢结构工程和灰坝工程的措施费、间接费和利润实行综合税率。大于 10000m^3 的独立土石方工程按照灰坝工程综合费用执行。钢结构工程是指主要承重构件由钢材组成的框架式结构工程，其范围包括钢结构本体及其附属钢构件。发电厂中的钢结构工程包括钢结构主厂房、空冷钢桁架平台、烟囱钢结构内衬、干煤棚钢结构等。

建筑工程综合取费费用 = 直接工程费 × 费率。

五、编制基准期价差

根据电力行业定额管理部门规定计算。

六、税金

税金 =（直接费 + 间接费 + 利润 + 编制基准期价差）× 税率。

第三节 设备购置费和基本预备费

一、设备购置费

设备购置费 = 设备费 + 设备运杂费。

1. 设备费

设备费是根据市场供求状况，与设备厂家谈定的供货范围的供货价格。

2. 设备运杂费

设备运杂费 = 设备费 × 设备运杂费率。

（1）如设备厂家供货价格为车板交货价，设备运杂费应包括设备厂家至施工现场之间的运输费、现场卸车费及保管费。运输费按照运输线路状况，分为铁路、水路运输和公路运输，如铁路专用线、专用码头可直接将设备运达现场，则只计取铁路、水路运输费，不再计取公路运输费。

（2）如供货商直接将设备供货至现场（也就是运输费已包含在设备费中），则只计取现场卸车费及保管费。

二、基本预备费

基本预备费主要解决在施工过程中，经上级批准的设计变更和国家政策性调整所增加的投资，以及为解决意外事故而采取措施所增加的费用，又称工程建设不可预见费，主要包含：

（1）批准的初步设计范围内，技术设计、施工图设计及施工过程中所增加的工程费用；设计变更、工程变更、材料代用、局部地基处理增加的费用。

（2）一般自然灾害造成的损失和预防自然灾害所采取的措施费用。实行工程保险的工程项目该费用适当降低。

（3）竣工验收时为鉴定工程质量对隐蔽工程进行必要的挖掘和修复费用。

（4）超规超限设备运输增加的费用。

基本预备费 =（建筑工程费 + 安装工程费 + 设备购置费 + 其他费用）× 费率。

第四节　其他费用计算规定

其他费用 = 建设场地征用及清理费 + 项目建设管理费 + 项目建设技术服务费 + 整套启动试运费 + 生产准备费 + 大件运输措施费。

一、建设场地征用及清理费

建设场地征用及清理费 = 土地征用费 + 施工场地租用费 + 迁移补偿费 + 余物清理费。

（1）土地征用费，包括土地补偿费、安置补助费、耕地开垦费、勘测定界费、征地管理费、证书费、手续费以及各种基金和税费，此费用根据有关法律、法规、国家行政主管部门及省（自治区、直辖市）人民政府规定计算。

（2）施工场地租用费，包括占用补偿、场地租金、场地清理、复垦费和植被恢复等费用，此费用根据有关法律、法规、国家行政主管部门和工程所在地人民政府规定，按照项目法人与土地所有者签订的租用合同计算。

（3）迁移补偿费，是指征用土地范围内的机关、企业、住户及有关的建筑物、构筑物、电力线、通信线、铁路、公路、沟渠、坟墓、林木等进行迁移的费用，此费用按所在地人民政府规定计算。

（4）余物清理费，是指对征用土地范围内的有碍工程建设的设施进行清理所发生的各种费用，不包括拆除费。余物清理费＝拆除工程直接工程费 × 费率，此费用包括运距在 5km 及以内的运输和装卸费。

二、项目建设管理费

项目建设管理费＝项目法人管理费＋招标费＋工程监理费＋设备材料监造费＋工程结算审核费＋工程保险费。

（1）项目法人管理费，包括相关手续的申办费、必要办公家具、生活家具、办公用具和交通工具的购置费。项目法人管理费＝（建筑工程费＋安装工程费）× 费率。

（2）招标费是指自行或委托有资质的机构编制审查技术规范书，最高投标限价，标底、工程量清单等招标的前置文件，委托招标代理机构进行招标所需要的费用。招标费＝（建筑工程费＋安装工程费＋设备购置费）× 费率。

（3）工程监理费，是指委托有资质的工程监理机构对建设项目全过程实施监理所支付的费用。工程监理费＝（建筑工程费＋安装工程费）× 费率。项目实施阶段，此费用应该是与工程监理公司签订的合同金额。

（4）设备材料监造费，是指委托有资质的机构在主要设备材料的制造、生产期间对原材料质量及生产、检验环节进行必要的见证、监督所发生的费用。火力发电厂设备监造的范围：锅炉、汽轮机、发电机、变压器、磨煤机、低压加热器、高压加热器、除氧器及水箱、给水泵、凝汽器、凝结水泵、循环水泵等主要设备；材料监造的范围：四大管道及管件、钢构件、6kV 及以上电缆。设备材料监造费＝（设备购置费＋装置性材料费）× 费率。

（5）工程结算审核费，是指组织或委托有资质的工程造价机构进行工程量计算、核定，编制工程结算文件，并对结算文件进行审核、确认所发生的费用。工程结算审核费＝（建筑工程费＋安装工程费）× 费率。

（6）工程保险费，是指对项目建设过程中可能造成工程财产、安全等直接或间接损失进行保险所支付的费用，按照保险范围和费率计算。

三、项目建设技术服务费

项目建设技术服务费＝项目前期工作费＋知识产权转让与研究试验费＋设备成套技术服务费＋勘察设计费＋设计文件评审费＋项目后评价费＋工程建设检测费＋电力工程技术经济标准编制管理费。

（1）项目前期工作费，是指项目可行性研究、规划许可、土地预审、环境影响评价、劳动安全卫生预评价、地质灾害评价、地震灾害评价、水土保持大纲编审、矿产压覆评估、林业规划勘测、文物普勘、节能评估、社会稳定风险评估等各项工作所发生的费用，以及分摊在本工程中的电力系统规划设计、接入系统设计的咨询费与设计文件评审费，开展前期工作所发生的实际费用等。项目前期工作费＝（建筑工程费＋安装工程费）× 费率。

（2）知识产权转让与研究试验费。知识产权转让费是指在工程中使用专项研究成果、先进技术所支付的一次性转让费用；研究试验费是指为本建设项目提供或验证设计数据进行必要的研究试验所发生的费用，以及设计规定的施工过程中必须进行的研究试验所发生的费用，不含以下费用：

1）应该由科技三项费用（新产品试制费、中间试验费和重要科学研究补助费）开支的项目。

2）应该由管理费开支的鉴定、检查和试验费。

3）应该由勘察设计费开支的项目。

该费用应该按项目及费率进行计费。

（3）设备成套技术服务费，是指委托有资质的专业机构进行设备成套技术咨询、商务咨询和现场技术服务所支付的费用。设备成套技术服务费＝设备购置费 × 费率。

（4）勘察设计费，是指各项勘探、勘察费用，初步设计费、施工图设计费、竣工图文件编制费、施工图预算编制费以及设计代表现场技术服务费。勘察设计费＝勘察费＋设计费，设计费＝初步设计费＋其他设计费。依据国家行政主管部门颁发的勘察设计收费标准计算。

（5）设计文件评审费，是指可行性研究设计文件评审费、初步设计文件评审费和施工图文件评审费。可行性研究设计评审费和初步设计文件评审费按机组类型和容量按规定的费用计取，施工图文件评审费＝基本设计费 ×1.5%。

（6）项目后评价费是指项目竣工交付生产一段时间后，对项目立项策划、实施准备、建设实施和生产运营过程的技经水平和产生的相关效益、效果、影响进行系统性评价所支出的费用。发电工程的项目后评价费=（建筑工程费+安装工程费）×费率；烟气脱硫项目的后评价费则按照机组容量按规定费用计取。

（7）工程建设检测费用。工程建设检测费用=电力工程质量检测费+特种设备安全监测费+环境监测验收费+水土保持项目验收及补偿费+桩基检测费。

1）电力工程质量检测费，是指由国家行政主管部门授权的电力工程质量监督检测机构对工程建设质量进行检查、检验所发生的费用。电力工程质量检测费=（建筑工程费+安装工程费）×费率。

2）特种设备安全监测费，是由特种设备检验检测机构对工程所安装的特种设备（包括消防、电梯、压力容器等）进行检验、检测的费用，根据工程所在省（自治区、直辖市）行政主管部门的规定计算。

3）环境监测验收费，是指由环境检测机构对工程建设阶段进行监督、检测以及对工程环保设施进行验收所发生的费用。根据工程所在省（自治区、直辖市）行政主管部门的规定计算。

4）水土保持项目验收及补偿费，是指国家主管部门对工程项目水土保持设施项目进行检测、验收所发生的费用，根据工程所在省（自治区、直辖市）行政主管部门的规定计算。

5）桩基检测费，是指根据工程需要，组织对特殊地质条件下使用的特殊桩基进行检测所发生的费用，此项费用视工程实际情况审核确定。

（8）电力工程技术经济标准编制管理费，是指根据国家行政主管部门授权编制、管理电力工程计价依据、标准和规范等所需要的费用。

四、整套启动试运费

整套启动试运费=燃煤费+燃油费+其他材料费+厂用电费−售出电费−售出蒸汽费，但不包括启动试运过程中暴露出来的设备缺陷处理或因施工质量、设计质量造成的返工所发生的费用。

（1）燃煤费，是指在启动试运过程所消耗的燃煤费用。

燃煤费=发电机容量（kW）×台数×整套启动试运小时（h）×标准煤耗（kg/kWh）×标准煤价（元/kg）。

（2）燃油费，是指在启动试运过程所消耗的燃油费用。

燃油费=机组整套启动试运燃油平均消耗量×燃油价格。

（3）其他材料费。其他材料费 = 装机容量（MW）× 3000 元 /MW。

（4）厂用电费。厂用电费 = 发电机容量（kW）× 台数 × 厂用电率（%）× 购电小时数（h）× 试运购电价格（元 /kWh）。

（5）售出电费。售出电费 = 发电机容量（kW）× 台数 × 额定容量系数 0.75 × 带负荷试运小时（h）× 试运售电价格（元 /kWh）。

（6）售出蒸汽费。售出蒸汽费 = 售出蒸汽吨数（t）× 试运售热单价（元 /t）。

五、生产准备费

生产准备费 = 管理车辆购置费 + 工器具及办公家具购置费 + 生产职工培训及提前进厂费。

（1）管理车辆购置费，是指生产单位进行生产管理必须配备的车辆购置费，含车辆原价、购置税费、运杂费。管理车辆购置费 = 设备购置费 × 费率。

（2）工器具及办公家具购置费，是指购置必要的家具、用具、标志牌、警示牌、标示桩所需要的费用。工器具及办公家具购置费 =（建筑工程费 + 安装工程费）× 费率。

（3）生产职工培训及提前进厂费，是指生产和管理人员进行培训和提前进厂进行生产准备所发生的费用，包含培训人员和提前进厂人员的培训费、基本工资、工资性津贴、辅助工资、职工福利费、劳动保护费、社会保险费、住房公积金、差旅费、资料费、书报费、取暖费、教育经费和工会经费等。生产职工培训及提前进厂费 =（建筑工程费 + 安装工程费）× 费率。

六、大件运输措施费

指超宽超限的大型电力设备在运输过程中发生的路、桥加固改造以及障碍物迁移等措施费，根据实际运输条件及运输方案计算。

第五节 动态费用

一、价差预备费

价差预备费是指不定性的建设项目在建设期间内由于价格等变化引起工程造价变化的预测预留费用。费用内容包括：

（1）人工、材料、施工机械的价差费。

（2）建筑安装工程费及工程建设其他费用调整。

（3）利率、汇率调整等增加的费用。

价差预备费的计算公式见下式：

$$PF = \sum_{t=1}^{n} I_t [(1+f)^m + (1+f)^{0.5} + (1+f)^{t-1} - 1] \tag{1}$$

式中　PF——价差预备费；

　　　n——建设期年份数；

　　　I_t——建设期第 t 年的投资计划额，I_t=（建筑工程费＋安装工程费＋设备购置费＋其他费用＋基本预备费）×第 t 年计划投资百分比；

　　　f——年度造价上涨指数，根据国家行政主管部门及电力行业主管部门颁布的有关规定执行；

　　　m——建设前期年限（从编制估算到开工建设之间的年限）。

二、建设期贷款利息

建设期贷款利息包括向国内银行和其他非银行金融机构贷款、出口信贷、外国政府贷款、国际商业银行贷款以及在境内外发行的债券等，在建设期间内应偿还的贷款利息。建设期借款利息实行复利计算，计算公式为：建设期贷款利息＝第一台机组发电前建设期贷款利息＋第一台机组发电后建设期贷款利息。其中：

（1）第一台机组发电前建设期贷款利息＝∑〔（年初贷款本息累计＋本年贷款/2）×年利率〕。

（2）第一台机组发电后建设期贷款利息＝∑〔（本年贷款/2）×年利率〕。

第三章 工程指标与定额及成本管理

第一节 投资估算指标

一、投资估算指标及其作用

工程建设投资估算指标是编制建设项目建议书、可行性研究报告等前期工作阶段投资估算的依据，也可以作为编制固定资产长远规划投资额的参考。与概预算定额相比较，估算指标以独立的建设项目、单项工程或单位工程为对象，综合项目全过程投资和建设中的各类成本和费用，反映出其扩大的技术经济指标，既是定额的一种表现形式，又不同于其他的计价定额。

投资估算指标为完成项目建设的投资估算提供依据和手段，在固定资产的形成过程中起着投资预测、投资控制、投资效益分析的作用，是合理确定项目投资的基础。投资估算指标中的主要材料消耗量也是一种扩大材料消耗量指标，可以作为计算建设项目主要材料消耗量的基础。估算指标的正确制定对于提高投资估算的准确度，对建设项目合理评估、正确决策具有重要意义。

二、投资估算指标编制原则

由于投资估算指标属于项目建设前期进行估算投资的技术经济指标，它不但要反映实施阶段的静态投资，还必须反映项目建设前期和交付使用期内发生的动态投资。以投资估算指标为依据编制的投资估算，包含项目建设的全部投资额。这就要求投资估算指标比其他各种计价定额具有更大的综合性和概括性。因此，投资估算指标的编制工作，除应遵循一般定额的编制原则外，还必须坚持以下原则：

（1）投资估算指标项目的确定，应考虑以后几年编制建设项目建议书和可行性研究报告投资估算的需要。

（2）投资估算指标的分类、项目划分、项目内容、表现形式等要结合各专业的特点，并且要与项目建议书、可行性研究报告的编制深度相适应。

（3）投资估算指标的编制内容，典型工程的选择，必须遵循国家的有关建设方针政策，符合国家技术发展方向，贯彻国家发展方向原则，使指标的编制既能反映正常建设条件下的造价水平，也能适应今后若干年的科技发展水平。坚持技术上先进、可行和经济上的合理，力争以较少的投入取得最大的投资效益。

（4）投资估算指标的编制要反映不同行业、不同项目和不同工程的特点，投资估算指标要适应项目前期工作深度的需要，而且具有更大的综合性。投资估算指标要密切结合行业特点、项目建设的特定条件，在内容上既要贯彻指导性、准确性和可调性原则，又要有一定的深度和广度。

（5）投资估算指标的编制要贯彻静态和动态相结合的原则。要充分考虑在市场经济条件下，由于建设条件、实施时间、建设期限等因素的不同，建设期的动态因素即价格、建设期利息及涉外工程的汇率等因素的变动，导致指标的量差、价差、利息差、费用差等动态因素对投资估算的影响，对上述动态因素给予必要的调整办法和调整参数，尽可能减少这些动态因素对投资估算准确度的影响，使指标具有较强的实用性和可操作性。

三、投资估算指标的内容

投资估算指标是确定和控制建设项目全过程各项投资支出的技术经济指标，其范围涉及建设前期、建设实施期和竣工验收交付使用期等各阶段的费用支出，内容因行业不同而各异，一般可分为建设项目综合指标、单项工程指标和单位工程指标三个层次。

1. 建设项目综合指标

按规定应列入建设项目总投资的从立项筹建开始至竣工验收交付使用的全部投资额，包括单项工程投资、工程建设其他费用和预备费等。建设项目综合指标一般以项目的综合生产能力单位投资表示，如"元/t""元/kW"，或以使用功能单位投资表示，如医院床位用"元/床"表示。

2. 单项工程指标

单项工程指标指按规定应列入能独立发挥生产能力或使用效益的单项工程内的全部投资额，包括建筑工程费、安装工程费、设备、工器具及生产家具购置费和可能包含的其他费用。

单项工程指标一般以单项工程生产能力单位投资，如"元/t"或其他单位表示，如：变配电站以"元/kVA"，供水站以"元/m³"，办公室、仓库、宿舍、住宅等房屋则区别不同结构型式以"元/m²"表示。

3. 单位工程指标

单位工程指标按规定应列入能独立设计、施工的工程项目的费用，即建筑安装工程费用。单位工程指标一般以如下方式表示：房屋区别不同结构型式以"元/m²"表示；道路区别不同结构层、面层以"元/m²"表示；水塔区别不同结构层、容积以"元/座"表示；管道区别不同材质、管径以"元/m"表示。

四、投资估算指标的编制方法

投资估算指标的编制工作，涉及建设项目的产品规模、产品方案、工艺流程、设备选型、工程设计和技术经济等各个方面，既要考虑到现阶段技术状况，又要展望技术发展趋势和设计动向，从而可以指导以后建设项目的实践。投资估算指标的编制应当成立专业齐全的编制小组，编制人员应具备较高的专业素质。投资估算指标的编制应当制定一个从编制原则、编制内容、指标的层次相互衔接、项目划分、表现形式、计量单位、计算、复核、审查程序到相互应有的责任制等内容的编制方案或编制细则，以便编制工作有章可循。投资估算指标的编制一般分为三个阶段进行。

1. 收集整理资料阶段

收集整理已建成或正在建设的，符合现行技术政策和技术发展方向，有可能重复采用的、有代表性的工程设计施工图、标准设计以及相应的竣工决算或施工图预算资料等。这些资料是编制工作的基础，资料收集越广泛，反映出的问题越多，编制工作考虑越全面，就越有利于提高投资估算指标的实用性和覆盖面。同时，对调查收集到的资料要选择占投资比重大，相互关联多的项目进行认真的分析整理，由于已建成或正在建设的工程的设计意图、建设时间和地点、资料的基础等不同，相互之间的差异很大，需要去粗取精、去伪存真地加以整理，才能重复利用。将整理后的数据资料按项目划分栏目加以归类，按照编制年度的现行定额、费用标准和价格，调整成编制年度的造价水平及相互比例。

2. 平衡调整阶段

由于调查收集的资料来源不同，虽然经过一定的分析整理，但难免会由于设计方案、建设条件和建设时间上的差异带来的某些影响，使数据失准或漏项等，因此必须对有关资料进行综合平衡调整。

3. 测算审查阶段

测算是将新编的指标和选定工程的概预算，在同一价格条件下进行比较，检验其"量差"的偏离程度是否在允许偏差的范围之内，如偏差过大，则要查找原因，进行修正，以保证指标的确切、实用。测算同时也是对指标编制质量进行的一次系统检查，应由专人进行，以保持测算口径的统一，在此基础上组织有关专业人员全面审查定稿。

由于投资估算指标的编制计算工作量非常大，在现阶段计算机已经广泛普及的条件下，应尽可能应用电子计算机进行投资估算指标的编制工作。

第二节　概算指标

一、概算指标的概念及其作用

建筑安装工程概算指标通常是以单位工程为对象，以建筑面积、体积或成套设备装置的台或组为计量单位而规定的人工、材料、机械台班的消耗量标准和造价指标。从上述概念中可以看出，建筑安装工程概算定额与概算指标的主要区别如下：

1. 确定各种消耗量指标的对象不同

概算定额是以单位扩大分项工程或单位扩大结构构件为对象，而概算指标则是以单位工程为对象，因此概算指标比概算定额更加扩大和综合。

2. 确定各种消耗量指标的依据不同

概算定额以现行预算定额为基础，通过计算之后才综合确定出各种消耗量指标，而概算指标中各种消耗量指标的确定，则主要来自各种预算或结算资料。概算指标和概算定额、预算定额一样，都是与各个设计阶段相适应的多次性计价的产物。概算指标主要用于投资估价、初步设计阶段，其作用主要有：

（1）概算指标可以作为编制投资估算的参考。

（2）概算指标是初步设计阶段编制概算书，确定工程概算造价的依据。

（3）概算指标中的主要材料指标可以作为匡算主要材料用量的依据。

（4）概算指标是设计单位进行设计方案比较、设计技术经济分析的依据。

（5）概算指标是编制固定资产投资计划，确定投资额和主要材料计划的主要依据。

二、概算指标的分类和表现形式

（一）概算指标的分类

概算指标可分为两大类：一类是建筑工程概算指标，另一类是设备及安装工程概算指标，如图3-1所示。

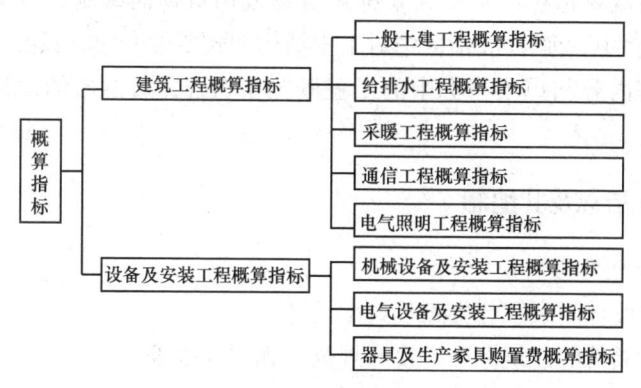

图3-1 概算指标

（二）概算指标的组成内容及表现形式

1. 概算指标的组成内容

一般包括文字说明和列表形式两部分，以及必要的附录。

（1）总说明和分册说明。其内容一般包括：概算指标的编制范围、编制依据、分册情况、指标包括的内容、指标未包括的内容、指标的使用方法、指标允许调整的范围及调整方法等。

（2）列表形式包括：

1）建筑工程列表形式。房屋建筑、构筑一般是以建筑面积、建筑体积、"座"、"个"等为计量单位，附以必要的示意图。示意图画出建筑物的轮廓示意或单线平面图，列出综合指标"元/m²"或"元/m³"，自然条件（如地耐力、地震烈度等），建筑物的类型、结构型式及各部位中结构主要特点，主要工程量。

2）设备及安装工程的列表形式。设备以"t"或"台"为计量单位，也可以设备购置费或设备原价的百分比（%）表示；工艺管道一般以"t"为计量单位；通信电话站安装以"站"为计量单位。列出指标编号、项目名称、规格、综合指标（元/计量单位）之后一般还要列出其中的人工费，必要时还要列出主要材料费、辅材费。

2. 概算指标的表现形式

概算指标在具体内容的表示方法上，分综合指标和单项指标两种形式。

（1）综合概算指标：是按照工业或民用建筑及其结构类型而制定的概算指标。综合概算指标的概括性较大，其准确性、针对性不如单项指标。

（2）单项概算指标：是指为某种建筑物或构筑物而编制的概算指标。单项概算指标的针对性较强，故指标中对工程结构型式要做介绍。只要工程项目的结构型式及工程内容与单项指标中的工程概况相吻合，编制出的设计概算就比较准确。

三、概算指标及其编制

1. 概算指标的编制依据

（1）标准设计图纸和各类工程典型设计。

（2）国家颁发的建筑标准、设计规范、施工规范等。

（3）各类工程造价资料。

（4）现行的概算定额和预算定额及补充定额。

（5）人工工资标准、材料预算价格、机械台班预算价格及其他价格资料。

2. 概算指标的编制步骤

（1）首先成立编制小组，拟订工作方案，明确编制原则和方法，确定指标的内容及表现形式，确定基价所依据的人工工资单价、材料预算价格、机械台班单价。

（2）收集整理编制指标所必需的标准设计、典型设计以及有代表性的工程设计图纸、设计预算等资料，充分利用有使用价值的已经积累的工程造价资料。

（3）编制阶段。主要是选定图纸，并根据图纸资料计算工程量和编制单位工程预算书，以及按照编制方案确定的指标项目对照人工及主要材料消耗指标，填写概算指标的表格。

以每平方米建筑面积造价指标编制为例，方法如下：

编写资料审查意见及填写设计资料名称、设计单位、设计日期、建筑面积及构造概况，提出审查和修改意见。在计算工程量的基础上，编制单位工程预算书，据以确定每百平方米建筑面积及构造情况以及人工、材料、机械消耗指标和单位造价的经济指标。步骤如下：

1）计算工程量，根据审定的图纸和预算定额计算出建筑面积及各分部分项工程量，然后按编制方案规定的项目进行归并，并以每平方米建筑面积为计量单位，换算出所对应的工程量指标。

2）根据计算出的工程量和预算定额等资料，编制预算书，求出每百平方米建筑面积的预算造价及人工、材料、施工机械费用和材料消耗量指标。构筑物是以"座"为单位编制概算指标，因此，在计算完工程量，编出预算书后不必进行换算，预算书确定的价值就是每座构筑物概算指标的经济指标。

（4）最后经过审核、平衡分析、水平测算、审查定稿。

第三节　概算定额

一、概算定额的概念

概算定额，是在预算定额基础上，确定完成合格的单位扩大分项工程或单位扩大结构构件所需消耗的人工、材料和施工机械台班的数量标准及其费用标准。概算定额又称扩大结构定额。

概算定额是预算定额的综合与扩大。它将预算定额中有联系的若干个分项工程项目综合为一个概算定额项目，如砖基础概算定额项目，就是以砖基础为主，综合了平整场地、挖地槽、铺设垫层、砌砖基础、铺设防潮层、回填土及运土等预算定额中分项工程项目。概算定额与预算定额的相同之处在于，它们都是以建（构）筑物各个结构部分和分部分项工程为单位表示的，内容也都包括人工、材料和机械台班使用量定额三个基本部分，并列有基准价。

概算定额表达的主要内容、表达的主要方式及基本使用方法都与预算定额相近。概算定额与预算定额的不同之处，在于项目划分和综合扩大程度上的差异，同时，概算定额主要用于设计概算的编制。由于概算定额综合了若干分项工程的预算定额，因此使概算工程量计算和概算表的编制，都比编制施工图预算简化一些。

二、概算定额的作用

（1）是初步设计阶段编制概算、扩大初步设计阶段编制修正概算的主要依据。

（2）是对设计项目进行技术经济分析比较的基础资料之一。

（3）是建设工程主要材料计划编制的依据。

（4）是控制施工图预算的依据。

（5）是施工企业在准备施工期间，编制施工组织总设计或总策划时，对生产要素提出需要量计划的依据。

（6）是工程结束后进行竣工决算和评价的依据。

（7）是编制概算指标的依据。

三、概算定额的编制原则和编制依据

1. 概算定额的编制原则

概算定额应该贯彻社会平均水平和简明适用的原则。由于概算定额和预算定额都是工程计价的依据，所以应符合价值规律和反映现阶段大多数企业的设计、生产及施工管理水平。但在概、预算定额水平之间应保留必要的幅度差。概算定额的内容和深度是以预算定额为基础的综合和扩大，在合并中不得遗漏或增减项目，以保证其严密和正确性。概算定额务必达到简化、准确和适用。

2. 概算定额的编制依据

（1）现行的设计规范、施工验收技术规范和各类工程预算定额。

（2）具有代表性的标准设计图纸和其他设计资料。

（3）现行的人工工资标准、材料价格、机械台班单价及其他的价格资料。

四、概算定额的编制步骤

概算定额的编制一般分四个阶段进行，即准备阶段、编制初稿阶段、测算阶段和审查定稿阶段。

1. 准备阶段

该阶段主要是确定编制机构和人员组成，进行调查研究，了解现行概算定额执行情况和存在问题，明确编制的目的，制定概算定额的编制方案和确定概算定额的项目。

2. 编制初稿阶段

该阶段是根据已经确定的编制方案和概算定额项目，收集和整理各种编制依据，对各种资料进行深入细致的测算和分析，确定人工、材料和机械台班的消耗量指标，最后编制概算定额初稿。概算定额水平与预算定额水平之间应有一定的幅度差，幅度差一般在5%以内。

3. 测算阶段

该阶段的主要工作是测算概算定额水平，即测算新编制概算定额与原概算定

额及现行预算定额之间的水平。测算的方法既要分项进行测算，又要通过编制单位工程概算以单位工程为对象进行综合测算。

4. 审查定稿阶段

概算定额经测算比较定稿后，可报送国家授权机关审批。

五、概算定额手册的内容

按专业特点和地区特点编制的概算定额手册，内容基本上是由文字说明、定额项目表和附录三个部分组成。

（一）概算定额的内容与形式

1. 文字说明部分

文字说明部分包括总说明和分部工程说明。在总说明中，主要阐述概算定额的编制依据、使用范围、包括的内容及作用、应遵守的规则及建筑面积计算规则等。分部工程说明主要阐述本分部工程包括的综合工作内容及分部分项工程的工程量计算规则等。

2. 定额项目表

主要包括以下内容：

（1）定额项目的划分。概算定额项目一般按以下两种方法划分：

1）按工程结构划分：一般是按土石方、基础、墙、梁板柱、门窗、楼地面、屋面、装饰、构筑物等工程结构划分。

2）按工程部位（分部）划分：一般是按基础、墙体、梁柱、楼地面、屋盖、其他工程部位等划分，如基础工程中包括了砖、石、混凝土基础等项目。

（2）定额项目表。定额项目表是概算定额手册的主要内容，由若干分节定额组成。各节定额由工程内容、定额表及附注说明组成。定额表中列有定额编号、计量单位、概算价格、人工、材料、机械台班消耗量指标，综合了预算定额的若干项目与数量。

（二）概算定额应用规则

（1）符合概算定额规定的应用范围。

（2）工程内容、计量单位及综合程度应与概算定额一致。

（3）必要的调整和换算应严格按定额的文字说明和附录进行。

（4）避免重复计算和漏项。

（5）参考预算定额的应用规则。

六、概算定额基价的编制

概算定额基价和预算定额基价一样，都只包括人工费、材料费和机械费，是通过编制扩大单位估价表所确定的单价，用于编制设计概算。概算定额基价和预算定额基价的编制方法相同。概算定额基价按下列公式计算：

（1）概算定额基价 = 人工费 + 材料费 + 机械费。

（2）人工费 = 现行概算定额中人工工日消耗量 × 人工单价。其中人工含普通用工和技术用工两类，其单价有所不同。

（3）材料费 = Σ（现行概算定额中材料消耗量 × 相应材料单价）。

（4）机械费 = Σ（现行概算定额中机械台班消耗量 × 相应机械台班单价）。

第四节 预算定额

一、预算定额的概念与用途

1. 预算定额的概念

预算定额，是在正常的施工条件下，完成一定计量单位合格分项工程和结构构件所需消耗的人工、材料、机械台班数量及相应费用标准。预算定额是工程建设中一项重要的技术经济文件，是编制施工图预算的主要依据，是确定和控制工程造价的基础。

2. 预算定额的用途和作用

（1）预算定额是编制施工图预算、确定建筑安装工程造价的基础。施工图设计一经确定，工程预算造价就取决于预算定额水平和人工、材料及机械台班的价格。预算定额起着控制劳动消耗、材料消耗和机械台班使用的作用，进而起着控制建筑产品价格的作用。

（2）预算定额是编制施工组织设计的依据。施工组织设计的重要任务之一，是确定施工中所需人力、物力的供求量，并做出最佳安排。施工单位在缺乏本企业的施工定额的情况下，根据预算定额，亦能够比较精确地计算出施工中各项资源的需要量，为有计划地组织材料采购和预制件加工、劳动力和施工机械的调配，提供了可靠的计算依据。

（3）预算定额是工程结算的依据。工程结算是建设单位和施工单位按照工程进度对已完成的分部分项工程实现货币支付的行为。按进度支付工程款，需要根据预算定额将已完分项工程的造价算出。单位工程验收后,再按竣工工程量、预算定额和施工合同规定进行结算,以保证建设单位建设资金的合理使用和施工单位的经济收入。

(4)预算定额是施工单位进行经济活动分析的依据。预算定额规定的物化劳动和劳动消耗指标,是施工单位在生产经营中允许消耗的最高标准。施工单位必须以预算定额作为评价企业工作的重要标准,作为努力实现的目标。施工单位可根据预算定额对施工中的劳动、材料、机械的消耗情况进行具体的分析,以便找出并克服低功效、高消耗的薄弱环节,提高竞争能力。只有在施工中尽量降低劳动消耗,采用新技术,提高劳动者素质,提高劳动生产率,才能取得较好的经济效益。

(5)预算定额是编制概算定额的基础。概算定额是在预算定额基础上综合扩大编制的。利用预算定额作为编制依据,不但可以节省编制工作的大量人力、物力和时间,收到事半功倍的效果,还可以使概算定额在水平上与预算定额保持一致,以免造成执行中的不一致。

(6)预算定额是合理编制招标控制价、投标报价的基础。在深化改革中,预算定额的指令性作用将日益削弱,而施工单位按照工程个别成本报价的指导性作用仍然存在,因此预算定额作为编制招标控制价的依据和施工企业报价的基础性作用仍将存在,这也是由预算定额本身的科学性和指导性决定的。

二、预算定额的编制原则、依据和步骤

(一)预算定额的编制原则

为保证预算定额的质量,充分发挥预算定额的作用,在编制工作中应遵循以下原则:

1. 按社会平均水平确定预算定额的原则

预算定额是确定和控制建筑安装工程造价的主要依据。因此,它必须遵照价值规律的客观要求,即按生产过程中所消耗的社会必要劳动时间确定定额水平。所以预算定额的平均水平,是在正常的施工条件下,合理的施工组织和工艺条件、平均劳动熟练程度和劳动强度下,完成单位分项工程基本构造要素所需要的劳动时间。

2. 简明适用的原则

(1)在编制预算定额时,对于那些主要的、常用的、价值量大的项目,分项工程划分宜细;次要的、不常用的、价值量相对较小的项目则可以粗一些。

（2）预算定额要项目齐全。要注意补充那些因采用新技术、新结构、新材料而出现的新的定额项目。如果项目不全，缺项多，就会使计价工作缺少充足的可靠的依据。

（3）合理确定预算定额的计量单位，简化工程量的计算，尽可能地避免同一种材料用不同的计量单位和一量多用，尽量减少定额附注和换算系数。

（二）预算定额的编制依据

（1）现行劳动定额和施工定额。

预算定额是在现行劳动定额和施工定额的基础上编制的。预算定额中人工、材料、机械台班消耗水平，需要根据劳动定额或施工定额取定；预算定额的计量单位的选择，也要以施工定额为参考，从而保证两者的协调和可比性，减轻预算定额的编制工作量，缩短编制时间。

（2）现行设计、施工及验收规范，质量评定标准和安全操作规程。

（3）具有代表性的典型工程施工图及有关标准图。对这些图纸进行仔细分析研究，并计算出工程数量，作为编制定额时选择施工方法确定定额含量的依据。

（4）新技术、新结构、新材料和先进的施工方法等。这类资料是调整定额水平和增加新的定额项目所必需的依据。

（5）有关科学实验、技术测定和统计、经验资料。这类资料是确定定额水平的重要依据。

（6）现行的预算定额、材料预算价格及有关文件规定等，包括过去定额编制过程中积累的基础资料，也是编制预算定额的依据和参考。

（三）预算定额的编制步骤

预算定额的编制，大致可以分为准备工作、收集资料、编制定额、报批及修改定稿五个阶段。各阶段工作相互有交叉，有些工作还有多次反复。预算定额的编制步骤如下：

（1）确定编制细则。主要包括：统一编制表格及编制方法；统一计算口径、计量单位和小数点位数的要求；有关统一性规定，名称统一，用字统一，专业用语统一，符号代码统一，简化字要规范，文字要简练明确。

预算定额与施工定额计量单位往往不同。施工定额的计量单位一般按照工序或施工过程确定；而预算定额的计量单位主要是根据分部分项工程和结构构件的形体特征及其变化确定。由于工作内容综合，预算定额的计量单位亦具有综合的性质。工程量计算规则的规定应确切反映定额项目所包含的工作内容。预算定额的计量单位关系到预算工作的繁简和准确性。因此，要正确地确定各分部分项工程的计量单位。一般依据建筑结构构件形状的特点确定。

（2）确定定额的项目划分和工程量计算规则。计算工程数量，是为了通过计算出典型设计图纸所包括的施工过程的工程量，以便在编制预算定额时，有可能利用施工定额的人工、材料和机械台班消耗指标确定预算定额所含工序的消耗量。

（3）定额人工、材料、机械台班耗用量的计算、复核和测算。

三、预算定额消耗量的编制方法

确定预算定额人工、材料、机械台班消耗指标时，必须先按施工定额的分项逐项计算出消耗指标，然后，再按预算定额的项目加以综合。但是，这种综合不是简单的合并和相加，而需要在综合过程中增加两种定额之间的适当的水平差。预算定额的水平，首先取决于这些消耗量的合理确定。

人工、材料和机械台班消耗量指标，应根据定额编制原则和要求，采用理论与实际相结合、图纸计算与施工现场测算相结合、编制人员与现场工作人员相结合等方法进行计算和确定，使定额既符合政策要求，又与客观情况一致，便于贯彻执行。

（一）预算定额中人工工日消耗量的计算

人工的工日数可以有两种确定方法：一种是以劳动定额为基础确定；另一种是以现场观察测定资料为基础计算，主要用于遇到劳动定额缺项时，采用现场工作日写实等测时方法测定和计算定额的人工耗用量。

预算定额中人工工日消耗量是指在正常施工条件下，生产单位合格产品所必须消耗的人工工日数量，是由分项工程所综合的各个工序劳动定额包括的基本用工、其他用工两部分组成的。

1. 基本用工

基本用工指完成一定计量单位的分项工程或结构构件的各项工作过程的施工任务所必须消耗的技术工种用工。按技术工种相应劳动定额的工时定额计算，以不同工种列出定额工日。基本用工包括：

（1）完成定额计量单位的主要用工。按综合取定的工程量和相应劳动定额进行计算。计算公式为：基本用工 = $\sum$（综合取定的工程量 × 劳动定额）。例如工程实际中的砖基础，有1砖厚、1砖半厚、2砖厚等之分，用工各不相同，在预算定额中由于不区分厚度，需要按照统计的比例，加权平均得出综合的人工消耗。

（2）按劳动定额规定应增（减）计算的用工量。例如在砖墙项目中，分项工程的工作内容包括了附墙烟囱孔、垃圾道、壁橱等零星组合部分的内容，其人工消耗量相应增加附加人工消耗。由于预算定额是在施工定额子目的基础上综合扩大的，包括的工作内容较多，施工的工效视具体部位而不一样，所以需要另外增加人工消耗，而这种人工消耗也可以列入基本用工内。

2. 其他用工

其他用工是辅助基本用工消耗的工日，包括超运距用工、辅助用工和人工幅度差用工。

（1）超运距用工。超运距是指劳动定额中已包括的材料、半成品场内水平搬运距离与预算定额所考虑的现场材料、半成品堆放地点到操作地点的水平运输距离之差。公式如下：

超运距 = 预算定额取定运距 − 劳动定额已包括的运距

超运距用工 = ∑（超运距材料数量 × 时间定额）

需要指出，实际工程现场运距超过预算定额取定运距时，可另行计算现场二次搬运费。

（2）辅助用工。辅助用工是指技术工种劳动定额内不包括而在预算定额内又必须考虑的用工。例如机械土方工程配合用工、材料加工（筛砂、洗石、淋化石膏）用工，电焊点火用工等。计算公式为：

辅助用工 = ∑（材料加工数量 × 相应的加工劳动定额）

（3）人工幅度差。即预算定额与劳动定额的差额，主要是指在劳动定额中未包括而在正常施工情况下不可避免但又很难准确计量的用工和各种工时损失。内容包括：各工种间的工序搭接及交叉作业相互配合或影响所发生的停歇用工；施工机械在单位工程之间转移及临时水电线路移动所造成的停工；质量检查和隐蔽工程验收工作的影响；班组操作地点转移用工；工序交接时对前一工序不可避免的修整用工；施工中不可避免的其他零星用工。人工幅度差计算公式为：

人工幅度差 =（基本用工 + 辅助用工 + 超运距用工）× 人工幅度差系数

人工幅度差系数一般为 10% ～ 15%。在预算定额中，人工幅度差的用工量列入其他用工量中。

（二）预算定额中材料消耗量的计算

材料消耗量计算方法主要有：

（1）凡有标准规格的材料，按规范要求计算定额计量单位的耗用量，如砖、防水卷材、块料面层等。

（2）凡设计图纸标注尺寸及下料要求的按设计图纸尺寸计算材料净用量。

（3）换算法。各种胶结、涂料等材料的配合比用料，可以根据要求条件换算，得出材料用量。

（4）测定法，包括试验室试验法和现场观察法。各种强度等级的混凝土及砌筑砂浆配合比的耗用原材料数量的计算，须按照规范要求试配，经过试压合格以后并经过必要的调整后得出水泥、砂、石、水的用量。对新材料、新结构又不能用其他方法计算定额消耗用量时，须用现场测定方法来确定，根据不同条件可以采用写实记录法和观察法，得出定额的消耗量。

材料损耗量是指在正常条件下不可避免的材料损耗，如现场内材料运输及施工操作过程中的损耗等。其关系式如下：

$$材料损耗率 = 损耗量 / 净用量 \times 100\%$$

$$材料损耗量 = 材料净用量 \times 损耗率（\%）$$

$$材料消耗量 = 材料净用量 + 损耗量 或 材料消耗量$$
$$= 材料净用量 \times （1+损耗率）$$

（三）预算定额中机械台班消耗量的计算

预算定额中的机械台班消耗量是指在正常施工条件下，生产单位合格产品（工程或结构构件）必须消耗的某种型号施工机械的台班数量。

根据施工定额确定机械台班消耗量的计算。这种方法是指用施工定额中机械台班产量加机械幅度差计算预算定额的机械台班消耗量。机械台班幅度差是指在施工定额中所规定的范围内没有包括，而在实际施工中又不可避免产生的影响机械或使机械停歇的时间，包括：

（1）施工机械转移工作面及配套机械相互影响损失的时间。

（2）在正常施工条件下，机械在施工中不可避免的工序间歇。

（3）工程开工或收尾时工作量不饱满所损失的时间。

（4）检查工程质量影响机械操作的时间。

（5）临时停机、停电影响机械操作的时间。

（6）机械维修引起的停歇时间。

大型机械幅度差系数：土方机械为25%，打桩机械为33%，吊装机械为30%。砂浆、混凝土搅拌机由于按小组配用，以小组产量计算机械台班产量，不另增加机械幅度差。其他分部工程中如钢筋加工、木材、水磨石等各项专用机械的幅度差为10%。

综上所述，预算定额的机械台班消耗量按下式计算：
预算定额机械耗用台班＝施工定额机械耗用台班×（1+机械幅度差系数）

四、预算定额基价编制

预算定额基价就是预算定额分项工程或结构构件的单价，包括人工费、材料费和机械台班使用费，也称工料单价或直接工程费单价。

预算定额基价一般通过编制单位估价表、地区单位估价表及设备安装价目表所确定的单价，用于编制施工图预算。在预算定额中列出的"预算价值"或"基价"，应视作该定额编制时的工程单价。

预算定额基价的编制方法，简单说就是工、料、机的消耗量和工、料、机单价的结合过程。其中，人工费是由预算定额中每一分项工程用工数，乘以地区人工工日单价计算算出；材料费是由预算定额中每一分项工程的各种材料消耗量，乘以地区相应材料预算价格之和算出；机械费是由预算定额中每一分项工程的各种机械台班消耗量，乘以地区相应施工机械台班预算价格之和算出。

分项工程预算定额基价的计算公式：

分项工程预算定额基价＝人工费+材料费+机械使用费

人工费＝$\sum$（现行预算定额中人工工日用量×人工日工资单价）

材料费＝$\sum$（现行预算定额中各种材料耗用量×相应材料单价）

机械使用费＝$\sum$（现行预算定额中机械台班用量×机械台班单价）

预算定额基价是根据现行定额和当地的价格水平编制的，具有相对的稳定性。但是为了适应市场价格的变动，在编制预算时，必须根据工程造价管理部门发布的调价文件对固定的工程预算单价进行修正。修正后的工程单价乘以根据图纸计算出来的工程量，就可以获得符合实际市场情况的工程的直接工程费。

第五节 劳动定额

一、劳动定额的概念和意义

以上的估算指标、概算指标、概算定额、预算定额均为计价定额，劳动定额则不同，劳动定额又称"劳动消耗定额"或"人工定额"，是在正常施工条件下，某工种的某一等级工人为生产单位合格产品所必须消耗的劳动时间，或在一定的劳动时间中所生产的产品数量。劳动定额的编制、发布与建设工程费用及人工成本信息的测算和发布有着密切的联系，是提高劳动生产率的重要手段。按照表达方式不同，劳动定额分为时间定额和产量定额两种，两者关系是互为倒数关系即：时间定额 × 产量定额 =1。

劳动定额是衡量劳动效率的标准，反映产品数量和劳动消耗量之间的关系，是在一定的生产（施工）组织和生产（施工）技术条件下，为完成单位合格产品，所必需的劳动消耗量的标准，是施工定额的主要组成部分，表明劳动者的劳动生产率。因为劳动定额是采用技术分析方法制定的，所以劳动定额又叫"技术定额"或"时间技术定额"。

劳动生产率是生产某种产品的劳动效率。可用单位时间内生产某种产品的数量表示，也可用生产单位产品的劳动时间表示，与单位时间内所生产的产品量成正比，与单位产品所需要的劳动量成反比。决定劳动生产率水平的主要因素有科学和技术的发展水平，劳动者的技术熟练程度、主观能动性和积极性，生产组织和劳动组织形式，科学的管理制度，正确的政策，生产资料和对象的效能（如生产工具、原材料的品种、质量和利用情况等），以及各种自然条件等。

劳动定额作为一种组织生产、管理企业的科学方法，是19世纪末美国工程师泰罗始创的。泰罗十分重视工作时间的研究，他把工人在生产中的动作按秒按分地记录下来，制定出工人在一天内完成的工作数量，即工时定额。同时，泰罗还十分重视研究工人的操作方法和机具使用的合理性，制定出最能节约工作时间的操作工艺。科学的工时定额，标准的操作工艺，再加上所谓的差别计件制，这就是泰罗制的主要内容。

实行劳动定额的目的，是为了加强企业管理，充分利用和节约劳动时间，缩短生产周期，保证生产过程各个环节的互相协调，不断提高劳动效率，促进生产的发展。

二、劳动定额的分类

（一）按劳动定额的表现形式分类

劳动定额是在正常施工技术组织条件下，完成一定的合格产品（工程实体或劳务）所必需的劳动消耗量标准，即规定活劳动消耗的数量标准。这个标准是国家和企业对工人在单位时间内完成产品的数量和质量的综合要求。为了便于综合和核算，劳动定额大多采用工作时间消耗量来计算劳动消耗的数量，所以劳动定额的表现形式可分为时间定额和产量定额两种。采用复式表示时，其分子为时间定额，分母为产量定额。

1. 时间定额

时间定额是指一定的生产技术和生产组织条件下，某工种、某种技术等级的工人班组或个人，完成符合质量要求的单位产品所必需的工作时间。定额时间包括工人的有效工作时间（准备与结束时间、基本工作时间、辅助工作时间），不可避免的中断时间和工人必需的休息时间。

时间定额以工日为单位，每个工日工作时间按现行制度规定为8h，其计算方法如下：

$$单位产品时间定额（工日）=1/每工日产量$$

或　单位产品时间定额（工日）= 小组成员工日数量的总和 / 小组的台班产量

2. 产量定额

产量定额是指在一定的生产技术和生产组织条件下，某工种、某种技术等级的工人班组或个人，在单位时间（工日）内应完成合格产品的数量。其计算方法如下：

$$每工产量 =1/ 单位产品时间定额（工日）$$

或　　　台班产量 = 小组成员工日数的总和 / 单位产品时间定额（工日）

时间定额与产量定额互为倒数，即：

$$时间定额 \times 产量定额 =1$$

或　　　　时间定额 =1/ 产量定额或产量定额 =1/ 时间定额

从上面两式可知：当时间定额减少时，产量定额就相应地增加；当时间定额增加时，产量定额就相应地减少，但它们增减的百分比并不相同。例如，当时间定额减少10%时，产量定额则增加11.1%，其计算如下：

设原来的产量定额为 A，时间定额为 B，则 $A=1/B$，时间定额减少10%后相应的产量定额（A_1）为：

$$A_1=1/（1-10\%）B$$

产量定额的增值为：

$$A_1-A= 1/（1-10\%）B - 1/B =（1.11-1）/B=11.1\%/B=11.1\%A$$

由上式可知，当时间定额减少的百分率为 P_B 时，产量定额增加的百分率（P_A）。

$$P_A=100\% \times [P_B/（1-P_B）]$$

据上式，可得下列诸式：

（1）当时间定额减少时：

产量定额增加百分率 = 时间定额减少百分数 /（1- 时间定额减少百分数）

（2）当时间定额增加时：

产量定额减少百分率＝时间定额增加百分率/（1+时间定额增加百分率）

（3）当产量定额减少时：

时间定额增加百分率＝产量定额减少百分率/（1−产量定额减少百分率）

（4）当产量定额增加时：

时间定额减少百分率＝产量定额增加百分率/（1+产量定额增加百分率）

按定额标定的对象不同，劳动定额又分单项工序定额和综合定额。综合定额表示完成同一种产品中的各单项（工序或工种）定额的综合，按工序综合的用"综合"表示，按工种综合的一般用"合计"表示，计算方法如下：

综合时间定额（工日）＝各单项（工序）时间定额的总和

综合产量定额＝1/综合时间定额（工日）

（二）按劳动定额实施的范围分类

1. 统一定额

某一部门、地区或行业对所属企业的主要作业或产品，在广泛调查研究的基础上编制的定额。其实施范围是本部门、地区或本行业，代表了一定时期内同行业先进的定额水平。

2. 企业定额

根据企业自己的具体生产技术组织条件，参照统一劳动定额，由企业组织编制的劳动定额。其实施范围仅限于本企业。

3. 临时性定额

企业在特殊情况下（如设计、工艺、材料材质和规格等临时变更），由定额人员会同生产技术主管部门有关人员根据实际情况编制的定额。它在一定时间空间范围和条件下实行，超过限定条件即中止。

（1）按劳动定额的用途分类有：现行定额，计划定额，设计定额，固定定额，亦称不变定额。

（2）按产品生产时限分类有：新产品试制定额，老产品定额；一次性产品定额。

（3）按其他标志分类。如按劳动定额的综合程度、按劳动定额水平的高低、按劳动定额反映的工艺特点分类，等等。不同类型的定额，具有不同适用范围和特征，在定额的编制、贯彻执行，统计分析以及修订等各个工作环节中应严格加以区分。

三、劳动定额的主要作用

（1）是计算定额用工、编制施工组织设计、施工作业计划、劳动工资计划和下达施工任务的依据。

（2）是衡量工人劳动生产率、考核工效的主要尺度。

（3）是推行经济责任制、贯彻按劳分配原则的依据。

（4）是开展社会主义劳动竞赛的必要条件。

（5）是确定定员标准和合理组织生产的依据。

（6）是企业实行经济核算的重要基础。

（7）是编制施工定额、预算定额、概算定额的基础。

总之，劳动定额有利于规范收入分配程序和劳务市场，解决建筑工程劳动力单价与市场脱节问题，有效促进劳动力工资逐步提高，规范建筑业劳务合同的签订和履行，指导建筑企业劳务费结算与支付管理，为各地区各部门编制预算定额和工程量清单计价搭建了统一的平台，提供了统一的基础。

四、劳动定额的编制

（一）劳动定额的编制依据

编制劳动定额的主要依据，按性质可分两大类：

1. 党和国家的经济政策和劳动制度

党和国家的经济政策和劳动制度主要有《建筑安装工人技术等级标准》和工资标准、工资奖励制度、八小时工作日制度、劳动保护制度等。

2. 技术资料

技术资料分为两类，即规范类和技术测定及统计资料类。

（1）规范类：各类规范、规程、标准和制度，必须是国家或行业颁发施行（或试行）的现行文件，对那些已经停止使用的规范、规程、标准和制度，不能作为编制定额的依据而加以引用。

定额规定的产品（工程）质量要求，应以完全符合国家或行业颁发的《电力建设施工技术规范》《电力建设施工质量验收规程》中所规定的允许偏差为准。施工（生产）中如有特殊要求，应作为新的影响因素考虑，不能混同。

（2）技术测定和统计资料类：主要是指现场技术测定数据和工时消耗的单项和综合统计资料。技术测定数据和统计资料必须准确可靠，在收集选用技术测定和统计资料时，应特别注意因素分析，采取实事求是的科学态度，采用数理统计的科学方法，力求最大限度地减少误差。

（二）劳动定额的编制原则

劳动定额工作的任务是不断地发现、总结和反映先进经验（施工技术、工艺、操作等），编制出平均先进水平的定额，并通过贯彻执行定额，组织员工完成和超额完成定额，促使劳动效率不断地提高。

在建筑安装工程中，凡是施工条件、操作技术基本稳定，有明确的工作范围和质量标准，能够正确计算工程量的工程项目，都应编制劳动定额。为了保证劳动定额的质量，在制定定额时，必须遵循定额水平要平均先进和定额结构形式要简明适用这两条原则。

1. 定额水平要平均先进

劳动定额的水平，是定额所规定的劳动消耗量的标准。一定历史条件下的定额水平，是社会生产力水平的反映，同时又能推动社会生产力的发展。所以定额的水平不能简单地采用先进企业或先进个人的水平，更不能采用后进企业的水平，而应采用平均先进水平。这一水平应是低于先进企业或先进个人的水平，又略高于平均水平，多数工人或多数企业经过努力可以达到或超过，少数工人可以接近的水平。

确定这一水平，需全面调查研究、分析比较、测算并反复平衡。既要反映已经成熟并得到推广的先进技术和经验，同时又必须从实际出发、实事求是；既不挫伤工人的积极性又要起到促进生产的作用，使定额水平合理可行。

2. 定额应简明适用

简明适用，是指定额结构合理，项目齐全，粗细适度，步距大小适当，文字通俗易懂，计算方法简便，易于掌握，便于利用。

项目齐全，是指在施工中常用项目和已成熟或已普遍推广的新工艺、新技术、新材料都应编入定额中去，以扩大定额的适用范围。

定额项目的划分，应根据定额的用途，确定其项目的粗细程度。但应做到粗而不漏、细而不繁，以工序为基础适当进行综合。对主要工种、项目和常用项目要细一些，定额步距小一些；对次要工种或不常用的项目可粗一些，定额步距大一些。

另外，还要注意名词术语应为全国通用，计量单位选择应符合通用原则等。

3. 定额的编制要贯彻专业与群众结合，以专业人员为主的原则

编制劳动定额既是一项专业性的业务技术工作，又是一项群众性的基础工作。因此，编制劳动定额必须有专门的组织机构和专业人员，做经常性的资料积累、整理和分析。同时，由于广大工人是劳动定额的执行者，他们最了解情况，能提出关键性问题和改进意见。所以在编制劳动定额时，还要广泛征求工人的意见，取得工人的密切配合和支持。

（三）劳动定额的编制方法

编制劳动定额的基本方法有技术测定法、统计分析法、经验估工法、比较类推法四种。

1. 技术测定法

技术测定法，是根据先进合理的生产（施工）技术、操作工艺、合理的劳动组织和正常的生产（施工）条件，对施工过程的各个组成部分，通过实地测定、分析计算，编制劳动定额。这种方法比较科学，有一定的准确性和技术根据，但编制定额的过程比较复杂，工作量较大，常用于对新定额和典型定额的编制。

2. 统计分析法

统计分析法，是根据生产同类产品各工序的实际工时消耗统计资料，经过整理，结合当前的劳动组织和技术状况以及生产（施工）条件，进行分析对比，编制劳动定额。这种方法的优点是有较多的资料根据，比较简单，适宜用于生产（施工）条件比较正常、产品固定、统计工作比较健全的生产（施工）单位。缺点是根据过去的统计资料，难免包含了一些不合理因素，影响劳动定额水平的准确性。

为了提高用统计分析法编制劳动定额的准确性，必须健全原始记录制度，严格非生产工时签证手续，加强工时消耗记录与资料分析工作，尽可能如实地反映工人班组的工时消耗和完成定额规定的工作内容情况。在统计资料中，还应注明工人班组在施工过程中的有关影响因素，如工人技术等级等。

3. 经验估工法

经验估工法，是由造价人员、技术人员和一线施工工人三者相结合共同根据生产（施工）实践经验，结合设备、工具和其他生产（施工）条件，直接估计编制劳动定额。这种方法的优点是简便易行，工作量小，编制劳动定额的过程比较短。缺点是易受估工人员主观因素的影响，技术依据不足，缺乏科学性和准确性。因此，经验估工法只适用于企业内部，作为某些局部项目的补充定额。为了不断提高经验估工法编制劳动定额的准确程度，应当选择有一定政治思想觉悟、熟悉定额，实践经验比较丰富和有一定技术水平的老工人和专业工程技术人员参加估工。

4. 比较类推法

比较类推法又叫典型定额法，是以某种同类型或相似类型的产品或工序的典型定额项目的定额水平为标准，进行分析比较，编制劳动定额。比较类推法有比例推算法和图表法两种：

（1）比例推算法，以某些劳动定额项目为基数（一般是执行时间较长、资料较多、水平比较稳定的），通过测定求得类似项目间的差数，来编制劳动定额。如"山东省修订补充定额"中的砌毛石墙项目，通过观测和典型资料分析，砌硬质岩比砌中质岩的劳动效率低 20%，在确定砌硬质岩产量定额时，以砌中质岩产量定额为基数乘以 0.8 调整定额水平系数。

（2）图表法，用坐标图和表格编制劳动定额。例如双轮车运标准砖，通过测定得到的典型定额数据见表 3-1。

表 3-1　　　　　双轮车运标准砖，通过测定得到的典型定额数据

运距（m）	每工产量定额（块）
20	3800
100	2930
150	2670
300	2150
400	1840
500	1630

将这些典型定额数据画成坐标图，如图 3-2 所示。

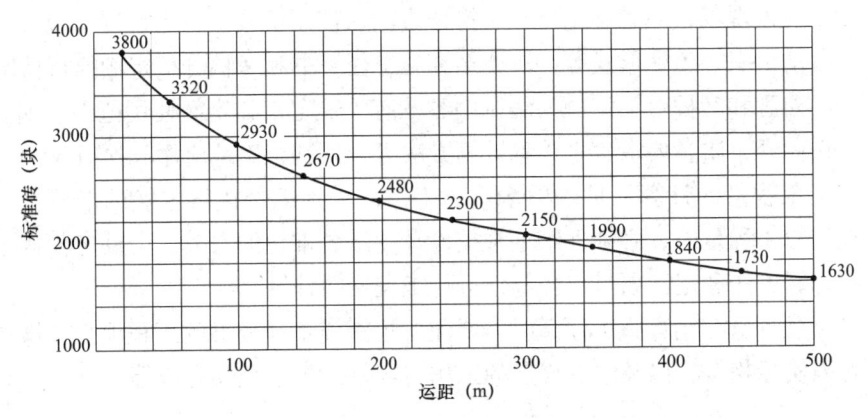

图 3-2　双轮车运标准砖坐标图

假设定额项目的划分，从运距 20m 起至 500m，如图划分为 11 个定额项目：20m、50m、100m、150m、200m、250m、300m、350m、400m、450m、500m，各个项目的产量定额，可从图中查出数据，填入表 3-2 内。这种方法适用于同类型产品，其准确程度取决于典型定额数据的准确性，见表 3-2。

表 3-2　　　　　　　　双轮车运标准砖（每 1000 块的劳动定额）

项目	运距（m）										
	20	50	100	150	200	250	300	350	400	450	500
时间定额（工日/千块）	0.263	0.310	0.341	0.375	0.403	0.435	0.465	0.53	0.543	0.578	0.163
产量定额（千块/工日）	3.80	3.32	2.93	2.67	2.48	2.30	2.15	1.99	1.84	1.73	1.63
编号	1	2	3	4	5	6	7	8	9	10	11

以上四种测定方法，可以根据施工过程的特点以及测定的目的分别选用，但应遵循的基本程序是：预先研究施工过程，拟订施工过程的技术组织条件，选择观察对象，进行计时观察，拟订和编制定额。

五、劳动定额的使用

（1）熟悉设计图纸。为了准确地计算（核对）工程数量和正确地套用定额项目，必须熟悉施工图纸，了解设计的技术要求和工程特点，以便准确套用相应的劳动定额项目。

（2）深入现场，熟悉施工工艺、操作方法、使用机具、材料情况，以及自然条件、劳动组织、工资形式等，以便结算施工任务书和考核分析定额执行情况。

（3）熟悉和掌握劳动定额的编制内容及有关规定，如定额使用范围、编制依据、工作内容、质量要求、工程量计算方法等，做到正确地应用和执行定额。

（4）工程量的计算，是一项繁重的工作，直接影响执行定额的准确性。因此，在计算工程量时，必须仔细地根据设计图纸各部位的尺寸，劳动定额规定的工程量计算方法和定额项目口径等，进行工程量的计算。

（5）预算员在结算施工任务时，要注意检查施工任务书的工程项目、操作方法是否与实际相符，以及定额规定的工作内容，是否已全部完成等。

六、当前存在的主要困难和问题

（1）政府、行业对劳动定额工作的管理职能发生了变化，劳动定额管理工作失去了宏观管理和指导。

在经济体制改革初期，我国的劳动定额工作具有自上而下的管理体系，到20世纪90年代初，劳动定额工作在各个行业管理部门的领导下，建立了一系列行之有效的管理办法，颁发了涉及多个行业领域的定员定额标准，并以此作为企业管理水平的考核指标之一。然而，随着国家对企业管理方式的转变以及各行业主管部门撤并和调整，定额管理在企业经营管理中的地位进一步弱化，并处于自发管理或无人管理状态，劳动定额工作，几乎成为无人过问的工作。

（2）企业对劳动定额的重要性认识不够。经济体制改革使各类企业直接面向国内外市场而成为市场的主体，不少企业普遍对劳动定额的重要性认识不到位，企业在竞争中成功与否的管理因素变得错综复杂，战略管理、资本运营、企业文化、制度创新等管理因素应接不暇，很少去考虑人力、物力资源的配置和优化。与此同时，企业通过技术革新和粗放型的设备投入改造等途径，也使得劳动效率得到提高。在这样的背景下，劳动定额作为企业微观层面上的管理因素，自然就退居其次，企业的经营管理者对劳动定额工作关注不够，支持不力。企业原有的劳动定员定额专职人员也从兼职再发展到全部转岗，企业的劳动定额管理工作几乎"名存实亡"。此外，大量新生的中小民营企业对劳动定额管理根本就没有什么意识，需要时随意确定或套用一下，导致许多劳动争议事件发生，影响了和谐劳动关系的建立。

（3）分配和激励机制不配套。在企业内部工资分配上，经常出现劳动定额完成了，其他效益指标未完成的情况下，得不到超额工资或者劳动定额未完成，而效益指标完成了反而多得工资的现象，这客观上造成了"劳动定额不起作用"的观念，也就难以发挥劳动定额的激励作用。

七、加强劳动定额管理的对策和措施

加强企业劳动定额管理是市场经济条件下，深化企业内部改革，提高企业管理水平和综合经济效益的必然要求，加强企业劳动定额管理应做好以下几个方面工作：

1. 重新确立国家行政部门和行业协会在劳动定额管理工作中的职责

首先，国家人力资源行政部门要承担起劳动定额宏观管理的职责，积极构建贯穿于各行业和各级劳动行政部门的劳动定额管理网络；要承担起劳动定额标准化的管理工作，并与国家标准化管理部门加强沟通，恢复劳动定额标准化技术委员会的工作，以确保各行业劳动定额分技术委员会的工作有基本的业务指导。其次，各级各类行业协会应主动填补国家行业主管部门撤并后留下的管理空白，当仁不让地承担起本行业劳动定额管理和劳动定额标准建立的责任，同时还应参与对企业从事劳动定员定额管理人员的培训和资格认定工作。

2. 强化劳动定额管理意识

劳动定额管理是企业管理的基础，企业作为劳动定额标准的直接实践者，如果缺乏积极性，定额管理工作就寸步难行，因此要转变经营管理者和全体职工的观念，充分认识劳动定额管理的极端重要性，进一步强化"定额管理出效益"的意识，把定额管理工作抓紧抓好。

3. 创新劳动定额管理的工作内容和研究方法

要从传统的工时定额和工作量管理，转向实施全面的劳动效率管理。要运用标准工时理论，通过方法研究，将劳动者多余的动作去掉，对不合理的动作进行优化改进，同时，要优化劳动组织结构和工作地布局，在此基础上设计出先进的操作方法，通过推广先进的操作方法提高劳动效率和降低劳动强度。

4. 创新劳动定额标准建设工作的新机制

由于传统的劳动定额技术委员会的管理体制已不复存在，新的政府与行业协会之间、与企业之间的联系和分工机制还处于磨合阶段，行业协会在劳动定额标准建设上也需要构建新的运行机制。劳动定额标准是在科学测定基础上所颁布的工作标准，涉及面广、技术复杂性强，各级行业协会要与相关科研机构密切合作，可以参照各类产品技术标准编制的市场化机制，即由行业协会负责，通过行业排头企业，推动本行业各级劳动定额标准的建立。

5. 企业和社会各界应重视劳动定额管理人才队伍的建设

企业要从履行社会责任和长效发展的角度考虑，配备专职的劳动定额管理人员，有条件的企业还可设置专门的劳动定额管理研究机构。为确保劳动定额管理工作质量，要选拔懂生产技术的高素质人员，经过一定的培训充实到管理队伍中来。各高校也应加大劳动定额管理人才的培养力度，增设涉及企业劳动定额管理的相关课程，多关注和研究企业的现场效率管理规律，出版一些相关教材，为社会培养输送适用的管理人才。

第六节　施工定额

一、施工定额的概念和作用

施工定额是规定建筑安装工人或小组在正常施工条件下，完成单位合格产品所消耗的劳动力、材料和机械台班的数量标准。它是施工企业组织生产，编制施工阶段施工组织设计和施工作业计划签发工程任务单和限额领料单、考核功效、评奖、计算劳动报酬、加强企业成本管理和经济核算、编制施工预算的依据。

施工定额包括劳动定额、材料消耗定额和机械台班使用定额三部分：

（1）劳动定额，即人工定额。在先进合理的施工组织和技术措施的条件下，完成合格的单位建筑安装产品所需要消耗的人工数量。它通常以劳动时间（工日或工时）来表示。劳动定额是施工定额的主要内容，主要表示生产效率的高低，劳动力的合理运用，劳动力和产品的关系以及劳动力的配备情况。

（2）材料消耗定额。在节约合理地使用材料的条件下，完成合格的单位建筑安装产品所必需消耗的材料数量。主要用于计算各种材料的用量，其计量单位为kg、m等。

（3）机械台班使用定额。分为机械时间定额和机械产量定额两种。在正确的施工组织与合理地使用机械设备的条件下，施工机械完成合格的单位产品所需的时间，为机械时间定额，其计量单位通常以台班或台时来表示。在单位时间内，施工机械完成合格的产品数量则称为机械产量定额。

施工定额在企业管理工作中的基础作用主要表现在以下几个方面：

（1）施工定额是企业计划管理的依据。施工定额在企业计划管理方面的作用，表现在它既是企业编制施工组织设计的依据，又是企业编制施工作业计划的依据。

施工组织设计是指导拟建工程进行施工准备和施工生产的技术经济文件，其基本任务是根据招标文件及合同协议的规定，确定出经济合理的施工方案，在人力和物力、时间和空间、技术和组织上对拟建工程做出最佳安排。

施工作业计划则是根据企业的施工计划、拟建工程施工组织设计和现场实际情况编制的，它是以实现企业施工计划为目的的具体执行计划，也是队、组进行施工的依据。因此，施工组织设计和施工作业计划是企业计划管理中不可缺少的环节。这些计划的编制必须依据施工定额。

（2）施工定额是组织和指挥施工生产的有效工具。

企业组织和指挥施工队、组进行施工，是按照作业计划通过下达施工任务书和限额领料单来实现的。

（3）施工定额是施工企业内部经济核算的依据，也是编制预算定额的基础。

（4）施工定额是企业激励工人的目标条件。

（5）施工定额有利于推广先进技术。

（6）施工定额是编制施工预算，加强企业成本管理和经济核算的基础。

（7）施工定额是编制工程建设定额体系的基础。

二、施工定额的编制

1. 施工定额的编制原则

（1）平均先进原则：指在正常的施工条件下，大多数生产者经过努力能够达到和超过水平，企业施工定额的编制应能够反映比较成熟的先进技术和先进经验，有利于降低工料消耗，提高企业管理水平，达到鼓励先进，勉励中间，鞭策落后的水平。

（2）简明适用性原则：企业施工定额设置应简单明了，便于查阅，计算要满足劳动组织分工，经济责任与核算个人生产成本的劳动报酬的需要。同时，企业自行设定的定额标准也要符合《建设工程工程量清单计价规范》"四个统一"的要求，定额项目的设置要尽量齐全完备，根据企业特点合理划分定额步距，常用的对工料消耗影响大的定额项目步距可小一些，反之步距可大一些，这样有利于企业报价与成本分析。

（3）以专家为主编制定额的原则：企业施工定额的编制要求有一支经验丰富、技术与管理知识全面、有一定政策水平的专家队伍，可以保证编制施工定额的延续性、专业性和实践性。

（4）坚持实事求是、动态管理的原则：企业施工定额应本着实事求是的原则，结合企业经营管理的特点，确定工料机各项消耗的数量，对影响造价较大的主要常用项目，要多考虑施工组织设计和先进的工艺，从而使定额在运用上更贴近实际、技术上更先进、经济上更合理，使工程单价真实反映企业的个别成本。

此外，还应注意到市场行情瞬息万变，企业的管理水平和技术水平也在不断地更新，不同的工程在不同的时段都有不同的价格，因此企业施工定额的编制还要注意便于动态管理的原则。

（5）企业施工定额的编制还要注意量价分离，独立自产，及时采用新技术、新结构、新材料、新工艺等原则。

2. 企业施工定额编制的主要依据和内容

（1）企业施工定额编制依据。国家有关法律、法规、政府的价格政策，现行电力行业工程设计、施工及验收规范，各种类型具有代表性的标准图集、施工图纸、企业技术与管理水平、工程施工组织方案，现场实际调查和测定的有关数据，工程具体结构和难易程度状况，以及采用新工艺、新技术、新材料、新方法的情况等。

（2）企业施工定额编制内容。编制方案，总说明，工程量计算规则，定额划项，定额水平的编制（人工、材料、机械台班消耗水平和管理成本费的测算和编制），定额水平的测算（典型工程测算及与全国基础定额的对比测算），定额编制基础资料的整理、归类和编写。

3. 企业施工定额的编制方法

（1）劳动定额、机械定额的测定方法。劳动定额、机械定额的测定方法有经验估计法、统计分析法、技术测定法。

1）经验估计法是在没有任何施工生产工效资料的情况下，由具有丰富施工经验的定额人员、工程技术人员、技术工人共同根据各自的施工实践经验、结合现场观察和图纸分析，考虑设备、工具和其他的施工组织条件，直接估计工时消耗的一种方法。一般仅限于次要定额项目或临时性、一次性定额的估定，以及定额缺项而又急于使用、又不易计算工作量的零星工程采用。

2）统计分析法是依据过去生产同类型产品或施工同类型工序的实际工时消耗及产品数量的统计资料，在统计分析和整理的基础上，考虑施工技术组织措施，测算出定额指标的方法。它的适用范围也只限于某项次要的定额项目，以及某些无法进行实地技术测定的项目。

3）技术测定法是通过对施工过程中具体活动的实地观察，详细地记录施工中的人工、机械等各种工时消耗，完成产品的数量及各种有关影响因素对工时消耗的影响，在取舍和分析的基础上取得技术数据的方法。适用范围较广，定额质量相对较高，无论是人工工时材料和机械台班等主要定额项目的测定均可采用此种方法。

（2）材料消耗定额的测定方法。材料消耗定额的测定方法有统计分析法、写实测定法、技术计算法。

1）统计分析法是对过去施工生产同类型产品的工程材料实际消耗的统计资料进行整理与分析，去伪存真；结合施工技术组织条件及其他有关因素的影响：

预计以后施工管理水平及施工技术水平的提高等综合测算出材料消耗的定额用量的一种方法。对于主要材料、周转材料、辅助材料和低值易耗品的消耗定额可以用此种方法来编制，但仍然是在缺乏技术资料和现场实测条件的情况下才使用，并且在编制过程中要结合生产工人的现时经验加以修订。

2）写实测定法是通过对施工生产现场的材料消耗过程进行观察，并针对现场施工组织、技术条件和工艺方法中的材料消耗的不合理之处，采取相应的技术组织改进措施，在最大限度地利用原材料、杜绝材料浪费现象的基础上进行写实测定的一种方法。

3）技术计算法是根据施工图设计资料或施工中的有关技术图纸资料、材料实验资料、施工机械设备的技术性能等，通过对施工生产技术组织和工艺方法的充分研究分析，并结合节约原材料、降低消耗的先进经验和科学研究成果，综合进行计算，编制材料消耗定额的方法。该方法是各种定额编制方法中比较先进和科学的，编制定额也是最准确合理的。

除工料机消耗定额外，企业还需要根据建筑市场竞争情况和企业内部定额管理水平，财务状况编制一些费用定额，如现场施工措施费定额、间接费定额等。

三、施工定额的指标

1. 人工消耗

预算定额中规定的人工消耗量指标，以工日为单位表示，包括基本用工、超运距用工、辅助用工和人工幅度差等内容。其中，基本用工是指完成定额计量单位分项工程的各工序所需的主要用工量；超运距用工是指编制预算定额时考虑的场内运距超过劳动定额考虑的相应运距所需要增加的用工量；辅助用工是指在施工过程中对材料进行加工整理所需的用工量，这三种用工量按国家建设行政主管部门制订的劳动定额的有关规定计算确定。人工幅度差是指在编制预算定额时加算的、劳动定额中没有包括的、在实际施工过程中必然发生的零星用工量，这部分用工量按前三项用工量之和的一定百分比计算确定。

2. 材料消耗

预算定额中规定的材料消耗量指标，以不同的物理计量单位或自然计量单位为单位表示，包括净用量和损耗量。净用量是指实际构成某定额计量单位分项工程所需要的材料用量，按不同分项工程的工程特征和相应的计算公式计算确定。损耗量是指在施工现场发生的材料运输和施工操作的损耗，损耗量在净用量的基础上按一定的损耗率计算确定。用量不多、价值不大的材料，在预算定额中不列出数量，合并为"其他材料费"项目，以金额表示，或者以占主要材料的一定百分比表示。

3. 机械消耗

预算定额中规定的机械消耗量指标，以台班为单位，包括基本台班数和机械幅度差。基本台班数是指完成定额计量单位分项工程所需的机械台班用量，基本台班数以劳动定额中不同机械的台班产量为基础计算确定。机械幅度差是指在编制预算定额时加算的零星机械台班用量，这部分机械台班用量按基本台班数的一定百分比计算确定。

为了适应组织生产和管理的需要施工定额要贯彻平均先进、简明适用，施工定额的项目划分很细，它是以同一性质的施工过程为标定对象编制的计量性定额，是工程建设定额中分项最细、定额子目最多的一种定额，也是工程建设定额中的基础性定额。在预算定额的编制过程中，施工定额的劳动、机械、材料消耗的数量标准，是计算预算定额中劳动、机械、材料消耗数量标准的重要依据。施工定额与施工生产紧密结合，施工定额的水平反映施工企业生产与组织的技术水平和管理水平。因此，施工定额在建筑业中既有一定的先进性，又有广泛的适应性。

第七节　材料消耗定额管理

一、材料消耗定额

1. 材料消耗定额的概念

材料消耗定额是指在一定的生产技术条件下，生产单位产品或完成单位工程量合理消耗材料的数量标准。

材料消耗定额的一定条件是指施工生产技术、工艺、管理水平、材质、工人等因素，要求这些因素处于正常状态。

材料消耗定额确定的是完成单位产品（工程量）合理消耗材料的数量标准，即在一定的条件下，完成单位产品（工程量）的必要消耗，不包括可以避免的浪费或损耗。其次是合理消耗材料的合理限额。

2. 材料消耗定额作用

材料消耗定额在材料计划、运输、供应、使用等工作中有着重要作用。材料消耗定额成为材料管理的基本标准和依据，其作用主要有：①编制材料计划的基础；②编制材料消耗的依据；③推行经济责任制的重要条件；④加强经济核算的基础；⑤提供经营管理水平的重要手段。

3. 材料消耗定额的分类

（1）按用途分类。

1）材料消耗概算定额。是指在设计资料不齐全，有较多不确定因素的条件下，用以估算建筑工程所需要材料数量的定额。材料消耗概算定额、劳动概算定额、机械台班概算定额组成建筑安装工程概算定额。

材料消耗概算定额，主要用于估算建筑安装工程的材料需用量，为编制材料备料计划提供依据。

材料消耗定额主要有下列几种：

①万元产值材料消耗定额。即每万元施工产值材料消耗的数量标准，它按一定的统计期完成的施工产值和某种材料的总消耗的数量，经平均计算得到，公式为：

$$每万元施工产值某种材料的消耗定额 = \frac{统计期该种材料的总消耗量}{统计期完成的施工产值}$$

②单位建筑面积材料消耗定额，即每平方米建筑面积材料消耗的数量标准，它是一定统计期竣工工程材料的消耗量和竣工工程面积的比值，公式为：

$$每平方米某种材料的消耗定额 = \frac{统计期竣工工程该种材料的消耗量}{统计期竣工工程面积}$$

③分部分项工程实物工程量材料消耗综合定额，即单位分部分项工程实物工程量所消耗材料的数量标准。这种定额一般也按照统计资料进行测算，公式为：

$$某分部（分项）工程某种材料的消耗定额 = \frac{统计期该分部（分项）工程消耗该种材料的数量}{统计期该分部（分项）工程的实物工程量}$$

2）材料消耗预算定额。由政府主管部门统一编制，材料消耗预算定额是建筑工程预算定额的组成部分。

材料消耗预算定额，反映了各地区材料消耗的社会平均水平，具有"统一标准"的作用。是甲乙双方结算材料价格款的依据。各企业在使用中，不得更改（有规定的除外）。预算定额确定某一地区社会平均消耗水平，编制时必须依据现行设计标准、设计规范、标准图纸、施工技术规范、施工验收规程、操作规程、合理的施工组织设计、施工条件、当地消耗水平等因素，经反复测算后确定。预算定额颁发后，只能由颁布单位统一组织修订。材料消耗预算定额一般以分部分项工程为单位确定材料的消耗量。预算定额主要用于编制施工图预算。

3）材料消耗施工定额。材料消耗施工定额是施工企业内部编制材料计划、限额发料的定额；材料消耗施工定额由"材料净用量"和"材料损耗量"组成，"材料损耗量"可以参照材料损耗率表计算出。材料消耗施工定额与材料消耗定额的区别有以下几点：

①适用范围不同。材料消耗施工定额由企业自行编制，适用于企业内部；材料消耗定额由政府主管部门编制，适用于一个地区。

②反映的管理水平不同。材料消耗施工定额按本企业实际的施工条件和生产经营管理水平编制，应高于社会平均水平。而材料消耗预算定额按照当地社会平均水平编制。

③项目划分精细不同。材料消耗施工定额的项目接近操作程序，项目划分一般较细，材料消耗预算定额重在定价，项目划分一般综合些。

④材料消耗施工定额主要是材料消耗的实物量，而材料消耗预算定额强调实物量和价值量的统一。

（2）按材料分类。

1）主要材料（结构件）消耗定额。直接构成工程实体的主要材料和结构件，进行一次性消耗。定额消耗耗用量由净用量加一定损耗量构成。

$$定额消耗用量 = 该材料消耗的净用量 + 损耗量$$

2）周转性材料消耗定额。周转性材料和低值易耗品可以多次使用，逐渐消耗并转移价值，在定额中，周转性材料只计列每周转一次的摊销量，使用周转性材料消耗定额时，应注意这个特点。

3）其他材料消耗定额。其他材料是建筑安装产品生产的辅助材料，不直接构成工程实体，其用量较少，但品种多而复杂，一般通过主要材料间接确定，在预算定额中常不列出品种，而只列出其他材料费。

（3）按范围分。

1）建筑安装工程材料消耗定额。指施工企业施工用材料的定额。如材料消耗概算定额、预算定额、施工定额都属于这一类，是材料管理工作的主要定额。

2）附属生产材料消耗定额。指施工企业所属企业生产的材料消耗定额。附属企业的生产活动属于工业生产，与施工活动的性质不同，需要另外编制消耗定额。

3）维修用材料消耗定额。指施工企业在生产经营活动中，为保证设备等固定资产正常运转，在维修时消耗各种材料的定额。

4. 材料消耗与定额的构成

（1）材料消耗的构成。建筑安装工程的材料消耗由有效消耗、工艺损耗和管理损耗三部分组成。

1）有效消耗。指构成工程实体的材料净用量。

2）工艺损耗。指由于工艺原因，在施工准备过程和施工过程中发生的损耗。工艺损耗又称施工损耗，包括操作损耗和余料损耗及废品损耗。

3）管理损耗。指由于管理原因，在材料管理过程中发生的损耗，又称非工艺损耗，包括运输损耗和仓库保管损耗等。建筑安装工程材料损耗构成见图3-3。

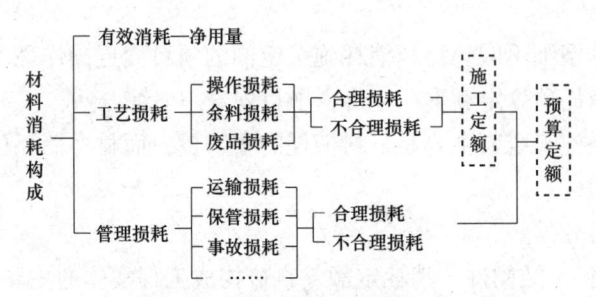

图3-3 建筑安装工程材料损耗构成示意图

（2）材料消耗定额的构成。材料消耗定额的实质是材料消耗量的限额，一般由有效消耗和合理损耗组成。材料消耗定额的有效消耗部分是固定的，所不同的只是合理损耗部分。

1）材料消耗施工定额的构成。

材料消耗施工定额 = 有效消耗 + 合理的工艺损耗

2）材料消耗预（概）算定额的构成。

材料消耗预（概）算定额 = 有效消耗 + 合理的工艺损耗 + 合理的管理损耗

5. 材料消耗定额的编制方法

编制材料消耗定额的目的，既要保证施工生产的需要，又要降低消耗，才能提高企业经营管理水平，取得最佳经济效益。

材料消耗定额的编制必须充分发动群众，采取上下结合的办法。定额的标准既要具有先进性，又要留有余地。先进性和留有余地是可以统一的。这里说的先进性并不是高不可攀的标准，而是相对的先进，是使大多数劳动者能够经过努力而达到的标准。如果标准过高，大多数人经过努力还是达不到，容易挫伤其积极性。反过来，如果标准定得比过低，很多人不需经过努力就能达到的，这也不利于促进生产、降低消耗的要求，不利于企业的持续发展。因此，这个标准应该是先进的，而又留有适当的余地，这是材料消耗定额编制的最基本的原则。

材料消耗定额一经颁布，必须严格执行，不得任意更改，并保持一定阶段的稳定性。

（1）常用材料消耗定额的编制方法。

1）技术分析法。指根据施工图纸、施工规范、施工工艺、设备要求及有关配合比等资料，采用一定的科学方法，计算出材料净用量与合理损耗的方法。用这种方法编制的定额，技术依据充分，比较准确，但工作量较大。适用于容易用体积或面积计算的块状或片状材料，如钢材、木材、砖等。

2）标准试验法。指在实验室内，用标准仪器，在标准条件下，测定材料消耗定额的方法。此方法限于沥青、油漆、混凝土及砂浆等材料。

3）实地测定法。指在一定条件下，通过实地观察、记录、测定，将得到的数据分析、整理而编制材料消耗定额的方法。这种方法实行实地观测，有较客观的科学性，可克服偶然因素的影响，比较准确。但工作量大，需要花费时间较多，同时还受测定条件和测定方法的影响。适用于有既定工艺的施工现场测定材料的消耗。

4）统计分析法。指根据分部分项工程材料消耗量的历史统计资料，并考虑生产技术条件的变化等因素，编制材料消耗定额的方法。这种方法注重实际消耗水平，不需进行理论计算。但要求有健全的统计资料，高素质的定额人员，并尽量消除偶然因素的影响，才能做到定额的先进合理。

5）经验估计法。经验估计法主要是根据生产工人的生产实践经验，同时参考同类产品的材料消耗定额，通过与干部、技术人员和工人相结合的方式，来测算各种材料的消耗定额。

一般地说，凡是有设计图纸和工艺文件的产品，其主要原材料的消耗定额可以用技术分析法计算，同时参照必要的统计资料和职工生产实践中的工作经验来编制。辅助材料、燃料等的消耗定额，大多可采用经验估计法或统计分析法来编制。但是，无论采用何种方法，在编制消耗定额时，都必须走群众路线，实行干部、技术人员、工人的三结合，共同审查和确定各种材料的消耗定额。

（2）材料消耗定额的编制步骤：

1）定质。指对建筑工程或产品所需的材料品种、规格、质量做出正确的选择。具体要求有：品种、规格、质量符合设计要求，有良好的工艺性能，便于操作，有利于提高工效，采用通用或标准产品，尽量避免采用稀缺材料。

2）定量。指通过对材料消耗量的正确测算，确定材料消耗的数量标准。定量是编制材料消耗定额的关键。材料消耗定额中的有效消耗，一般是不变的量。定额的先进性主要反映在对损耗量的合理确定上，即如何科学、正确、合理地确定损耗量的大小。

确定材料消耗量，主要包括两部分内容：

①确定材料净用量。材料净用量是指加工到实物产品上的实际用量，可用计算法确定。它包括以下两种情况：

当一个分部分项工程只采用一种主要材料时，可按工程设计要求测算一个单一产品或一个计量单位的材料用量，也可以计算一个平方米的材料净用量。

当一个分部分项工程采用多种主要材料混合使用时，可先求得这几种混合性材料的配合比，作为计算材料净用量的依据。

②确定材料损耗率。与材料净用量相比，材料损耗率是个较小的量，当损耗率确定时，除了认真测量施工现场所发生的各种损耗，去掉可避免部分，保留不可避免部分之外，还应当考虑责任成本管理考核等因素，适当从紧确定消耗率。

$$材料总耗用量 = 材料净用量 + 材料损耗量$$

$$材料损耗量 = 材料总耗用量 \times 材料损耗率$$

$$材料总耗用量 = 材料净用量 \div (1 - 材料损耗率)$$

6. 材料消耗定额的管理

材料消耗预算定额和材料消耗施工定额同建筑企业生产经营管理的关系最密切，所以，建筑企业应该特别重视这两种定额的管理。

加强材料消耗定额管理，首先要从组织体制抓起，建立各级材料消耗定额管理机构。

材料定额管理机构的任务是拟订有关材料消耗定额的政策法令，组织编制或审批材料消耗定额，监督材料定额的执行，定期修订定额，负责材料定额的管理。

各级材料定额管理机构还应配备专人负责定额管理，使物化劳动的消耗定额与活劳动的消耗定额一样有人管，负责材料消耗定额的解释和业务指导；定期检查定额使用情况，发现问题，及时纠正；做好定额考核工作，收集积累有关定额资料，以便为修订调整定额做准备。

定额的管理包括定额的编制、贯彻执行、考核和修订四个环节。

（1）定额的编制。定额是由国家指定机构编制和颁布的，具有权威性和法令性，企业不能任意修改，必须严格执行。

（2）定额的贯彻执行。定额的执行是定额管理的重要环节。企业的材料供应管理部门要坚持按材料预算定额确定材料的需要量，编制材料计划，要按材料施工定额组织内部材料的采购计划，向基层施工队、班组发放材料，过程中要进行严格的材料核算。定额的执行一定要严肃认真，并和改善企业生产经营管理、改进操作方法、推广先进施工经验等技术组织措施结合起来。

（3）定额的考核。企业应经常考核和分析材料消耗的执行情况，积累有关资料，不断提高定额管理水平，进而提高企业管理水平。材料管理人员做好材料消耗及收、发、库存的原始记录和统计工作，并经常深入施工现场，了解掌握定额执行情况，分析研究执行过程中存在的问题，及时反映实际达到的定额水平和节约材料的经济效果。同时及时总结推广节约用料的先进经验，实行材料节约奖励的办法。材料消耗定额的考核与分析，着重于材料的利用率、定额与实际用料的差异，非工艺损耗的构成分析等。

（4）定额的修订。定额是在一定的生产技术组织条件下编制的。定额编制后要保持相对稳定，但也不应一成不变。随着生产技术的发展，设计及施工工艺的改进，新型材料的利用、企业管理水平的提高，材料消耗定额应由国家造价或定额管理部门做定期的修订、补充和完善。建筑施工企业在定额修订和补充方面，应根据实际执行情况，积极地提出意见，积累和提供修订的数据。至于与实际相差较大的消耗定额条目，企业应根据实际情况，组织技术测定，编制企业定额并内部执行。

7. 材料消耗定额的应用

（1）材料消耗预算定额。材料消耗预算定额是由国家或地方主管部门统一组织编制，是地区性的测算建筑安装工程材料需要量的定额，一般与建筑安装工程预算定额合并编制。

材料消耗预算定额在材料采购供应活动中是编制材料分析，控制材料消耗，进行施工图预算与施工预算的"两算对比"的依据。

"两算对比"的内容包含人工工日对比，材料消耗量对比，直接费对比，人工费对比，机械台班费对比，材料费对比，脚手架费用对比，其他直接费对比。

（2）材料消耗施工定额。材料消耗施工定额是由施工企业自行编制的材料消耗定额，又称企业内部定额，是施工班组实行限额领料，进行分部分项工程核算和班组核算的依据。施工定额既接近于预算定额，但又不同于预算定额，其相同之处在于它基本上采用预算定额的分部分项方法，不同之处在于它结合本企业现有条件下可能达到的平均先进水平，是企业管理水平的标志。

材料消耗施工定额是建筑安装工程中最细的定额，能详细反映各种材料的品种、规格、材质和消耗数量，是施工企业内部编制材料需要计划，组织现场定额供料的依据。

限额领料，也叫定额用料是指企业在施工时必须将材料的消耗控制在该操作项目消耗定额之内，是施工企业材料消耗管理的有效方法之一。

（3）材料消耗估算指标。材料消耗估算指标是在材料消耗预算定额基础上以扩大的结构项目形式表示的一种定额。一般是以整栋建（构）筑物（整个项目）为对象，以每平方米或每万元施工产值某种材料的消耗量。

估算指标估算的某种材料消耗量 = 该种材料的总消耗量 / 面积（m^2）或施工产值（万元）

材料消耗估算指标一般是根据历年统计资料和典型工程的材料耗用量，结合企业现有管理水平，经过整理分析而编制的一种经验定额。材料消耗估算指标条目划分较粗，内容综合性较大，只能适用于估算主要材料用量，编制年度备料计划。

第八节　机械设备使用及分析

机械设备管理是通过采取一系列技术、经济、组织措施，做到对机械的选型、购置、安装、使用、保修、改造更新直至报废的全过程进行综合管理，以获得机械寿命最长、周期费用最经济、机械综合效能最高的目标。

一、新购机械设备必要性审查问题

机械设备是企业生产的物质基础，在新购置机械设备之前，必须进行必要性审查，应着重做好以下两项工作：

（1）要正确了解自购设备与租赁设备的优劣性，并对其进行比较。

（2）要掌握自购机械长期利用率的预测方法。

自购设备与租赁设备为当前施工市场中设备来源的两大方面。但是在不同施工条件下存在着各自的优劣性。在对其进行分析比较时可以发现，首先，施工单位对所有大型自有机械有全面的了解、完善的维护计划，机械使用维护科学合理，劳逸结合，就会大大延长机械使用寿命。而租赁机械存在着使用者与拥有者之间的矛盾，使用者用机械来拼工程不重视机械的维护，而拥有者对自购机械使用起来十分方便，但租赁机械则是临时需要，对工程存在一定程度的不可靠性。

再者租赁机械有着广泛的发展前景，现代工程存在着十分复杂的施工程序，对工程机械的需求种类及先进程度都有较高的要求，施工单位可以随时从市场上租赁。而自购机械则使拥有者提高利用率，继续使用过时的机械，存在着大机小用阻碍了新技术的应用与发展，阻碍了施工的机械程度。

自购机械存在着巨大资金的一次性投入，会加大施工企业的负担，而租赁机械则需投入少量资金即可完成施工任务，并存在固定资产积压闲置等问题。另外，施工单位进行自购机械往往限制其承接各种不同的工程任务，因此失去很多的中标机会。

自购机械和租赁机械通过对比分析可知其优劣性，可在理论上确定对机械进行自购还是租赁更合适。如果 $R=R_2$（R 为长期利用率，R_2 为经济利用率）则自购与租赁是花同样的钱办同样的事，但考虑到自购机械使用方便的优越性时以自购为宜，若 $R<R_2$ 则租赁机械较合算，若 $R>R_2$ 则必须自购。

施工企业可根据未来施工工程的种类、形式、规模以及施工工艺等资料数据来预测工程所需机械设备的长期利用率 R。

R_2 的计算是以机械的有效使用期为分析期，计算自购与租赁两者总费用价值相等时的机械实际利用率，并以此作为自购设备的经济利用率下限 R_2。

若施工企业要自购机械，则在有效使用期 n 年内的总费用现值为：

$$E_p = P - L_n[P/F, I, n] + C_g[P/A, I, n] + C_b R_2/R_1[P/A, I, n] \tag{1}$$

施工企业租赁机械 n 年支付总费用的现值为：

$$E_p' = f \times D \times R_2[P/A, I, n] \tag{2}$$

令 $E_p = E_p'$ 得：

$$R_2 = \{P - L_n[P/F, I, n]\} + C_g[P/A, I, n]) / \{[f \times D - C_b/R_1][P/A, I, n]\} \tag{3}$$

式中：

P ——机械购置的一次性支出，即机械原值；

L_n ——机械使用 n 年后的残值；

C_g ——额定年工作台班中机械运行的可变费用；

R_1 ——额定利用率；

R_2 ——经济利用率下限，也称为实际利用率（假定各年相等）；

f ——台班费；

D ——年规定台班数（现行 306d）；

F —— n 年后预期发生的费；

A ——等额年金；

I——年复利利率,即投资的收益;

C_b——额定年工作台班中机械运行的不变费用;

$[P/F, I, n]$——一次性复利系数;

$[P/A, I, n]$——资本回收系数。

公式中 f、C_g、C_b 可根据有关台班的定额确定。另外现行的定额是用来计算机械使用成本费的,不包括利润。租赁公司在出租机械时,实际收取的台班费要大于定额规定值。一般附加费率大多在10%～20%。为便于计算,假设租赁单位附加费率与经济分析所行 I 值相等。

经过计算,若 $R>R_2$,自方案必要性审查合理,反之则可以通过租赁机械或将该机械所需完成的工程分包出去。

通过对新增设备必要性审查,为施工企业在购买机械设备决策中,提供可靠依据,使施工企业进一步合理使用有限资金完成施工任务,提高经济效益。

二、技术档案和机务统计工作

每台设备从购买到批准报废为止,都要建立技术档案,机械履历表台班登记、维修保养记录,交接班记录、机械运行状况,这些都将详细记录这台设备在使用过程中的表现,为将来对该设备维修提供依据,所有这些都离不开机务统计工作,机务统计工作是机务管理工作的基础,它包括原始记录的收集、整理、统计台账、卡、技术档案、统计报表、图表、机务统计分析等。主要任务是运用机务管理系统软件,通过统计数据的变化来反映机械情况的变化以及各项技术指标、经济指标的完成情况。利用数据库的功能,全面检查各项计划的执行情况,研究分析机械设备在一切活动中的成绩和薄弱环节找出差距,提出改进建议逐步向动态管理系统方向发展,建立有效的动态评价体系,分析各项技术指标、经济指标的配置,合理使用与维修保养,消除一切隐患。提高机械设备完好率、利用率,节约机械使用费降低工程成本,加快工程进度,保障工程量,充分发挥机械设备的作用提高企业的经济效益,增强企业竞争能力。

三、机械设备的维修保养、评估问题

(1) 在工程施工中,加班加点的现象时有发生,如果仍沿袭过去周保养和月保养,将不能保证设备具有良好的技术状态,严格执行按"时间"保养,除了每日的例行保养之外,强制执行200～240h进行一级保养。

(2) 在配件安排上,除常用的小配件做到详细登记,以旧换新外,其余基本

实行"零库存"管理。

1)首先,随着工地施工的展开,根据进场机械设备的种类、数量,联系生产厂家和维修服务企业,多方协作,签订备件合同,将机械设备可能需要的配件价格、到货时间编制详细的台账。当需要配件时,就可以通过现代信息手段迅速解决。

2)组织有丰富的工作经验、知识水平较高,有一定技术专长和业务能力的专家及时会诊,做到较准确的判断。当配件到达后,及时抢修设备,使设备能够尽快恢复,同时要做好详细的维修记录,以备存档。

(3)在费用安排上,将小修费用、经常修理费用定额分配到各个岗位上,由各岗位人员自主支配。相关岗位人员参与维修保养管理积极主动,相互促进,相互制约和监督。同时,建立完善相应的考核机制。对维护好、保养勤劳、技术高的职工给以奖励,起到一个带头的作用。对于玩忽职守,造成后果者及时予以重罚,以引起警惕,使其从事故中吸取教训。

(4)建立机械设备评估制度,保证机械设备状况良好。为了确保机械设备发挥效益,保证项目的施工工期,建立机械设备下场和上场的技术状况评估制度是非常必要的。

工程结束时,项目经理部需向设备管理部门汇报机械技术状况,申请对机械设备进行评估,为机械退场做准备。经评估达到退场的组织退场,经评估技术状况达不到退场条件的就地修理或送到修理厂,修理费用从完成的工程费中支付,为后续机械设备的顺利使用打好基础。机械设备须持有评估部门的批准手续方可退场。

上场机械设备也必须做出技术评估,对于达不到要求的机械设备一律不得使用。

建立完善的机械设备评估制度,才能堵住漏洞、走上正轨,逐步扭转用时才修、谁用谁修、阻碍施工的被动局面。

四、强化成本核算工作

要建立单台机械设备的各种费用台账(包括修理费用台账,材料消耗台账,各种油品消耗台账、机械设备效益台账等)编制经济指标,建立奖罚制度,实行单机核算。通过对各项成本费用的统计,可以反映出机械设备的性能和技术状况;反映出操作人员对机械设备的使用和保养情况;反映出机械租赁单位的经济活动情况和管理水平,从而总结经验,找出存在问题,为下一步机械设备管理工作提供依据。同时也起到鼓励先进，调动全体管理、维修、操作人员的工作积极性的作用，对降低机械设备成本，提高机械设备经济效益是非常有利的。

第九节 工程成本管理

工程成本分为直接、间接两方面。直接成本由人工费、材料费、机械使用费和其他直接费组成，间接成本是指直接从事施工的单位为组织管理在施工过程中所发生的各项支出。其各自组成的内容为：

直接成本：人工费指列入预算定额中从事工程施工人员的工资、奖金、工资附加费以及工资性质的津贴、劳动保护费等；材料费指构成工程实体的主要材料、辅助材料、构配件和半成品、零星材料、列入预算定额中辅助材料以及周转材料的摊销及租赁费用，分为装置性材料与消耗性材料；机械使用费指列入预算定额内容，在施工过程中发生的施工机械使用费及机械现场安拆费和场外运输费，包括折旧费、大修理费、经常修理费、安装及拆卸费、场外运费、操作人员人工费、燃料动力费、车船税及运检费等；其他直接费是指为完成工程项目施工而进行的施工准备、克服自然条件的不利影响和辅助施工所发生的不构成工程实体的各项措施费用成本，包括冬雨季施工增加费、夜间施工增加费、施工工具用具使用费、特殊工程技术培训费、大型施工机械安拆及轨道铺拆费、特殊地区施工增加费、临时设施费、施工机械迁移费及安全文明施工费。

间接成本：定额范围外的施工单位管理人中的工资、奖金、津贴、职工福利费、工会经费、职工教育经费等行政管理费、固定资产折旧及修理费、物资消耗、低值易耗品摊销、管理用的水电费、办公费、差旅费、检验费、工程保修费、劳动保护费、财务保险费以及企业为施工生产筹集资金或提供预付款担保、履约保函或其他担保发生的财务费用，以施工单位发生的排污费、投标费、建筑工程定点复测、施工期间的沉降观测、施工期间的工程二级测量网维护、场地清理费、建筑安装材料的检验试验费、技术转让费、技术开发费、业务招待费、绿化费、广告费、公摊费、法律顾问费、咨询费、竣工清理费等成本。

一、成本管理的特征

（1）成本管理的单件性计价。每个建设工程都有其特定的用途、功能、规模，每项工程的设计结构、空间分割、设备配置和内外装饰都有不同的要求。建设工程还必须在结构、造型等方面适应工程所在地的气候、地质、水文等自然条件，这就使建设项目的实物形态千差万别。再加上不同地区构成投资费用的各种要素的差异，最终导致建设项目投资的千差万别。因此，建设项目的成本管理是在项目的不同阶段，编制其估算、概算、预算、合同价、结算价及最后确定竣工决算等，在每一个阶段，就每个项目单独估算、计算其投资。

（2）成本管理的多次性计价。每个建设项目在特定的阶段，通过特殊程序确定的工程成本是不同的，项目从无到有经历了项目建议书和可行性研究、初步设计阶段、技术设计阶段、施工图设计阶段、发承包阶段、施工阶段、竣工阶段，工程成本要多次进行。多次进行的成本是个逐步深化、逐步细化、逐步接近实际的过程。各环节之间互相制约，一般后者的成本不能超越前面的成本。

根据项目所处的阶段不同，一般分为投资估算→初设概算→施工图预算→施工合同价→竣工结算价→竣工决算价，各项成本虽然是针对同一个项目，但是这个过程是一个成本测算方法由简到繁，成本明目由粗到细，成本管理由粗放到精细，成本金额逐级涵盖的过程，一步步夯实成本，从而达到控制投资的目的。

（3）成本管理计价依据的复杂性。建设项目影响投资的因素复杂多样，决定了计价依据复杂。在不同的建设阶段有不同的估价依据，且互为基础和指导，互相影响。如预算定额是概算定额（指标）编制的基础，概算定额（指标）又是估算指标编制的基础，反过来，估算指标又控制概算定额（指标）的水平，概算定额（指标）又控制预算定额的水平。间接费定额以直接费定额为基础，二者共同构成了建设项目投资的内容等，都说明了建设项目投资的估价依据复杂的特点。

成本管理过程中的计价依据包括：

1）设备和工程量计算依据。包括项目建议书、可行性研究报告、设计文件等。

2）人工、材料、机械等实物消耗量计算依据。包括投资估算指标、概算定额、预算定额等。

3）工程单价计算依据。包括人工单价、材料价格、材料运杂费、机械台班费等。

4）设备单价计算依据。包括设备原价、设备运杂费、进口设备关税等。

5）措施费、间接费和工程建设其他费用计算依据。主要是相关的费用定额和指标。

6）政府规定的税、费。

7）物价指数和工程造价指数。

（4）成本计价的组合性。任何一个建设项目都可以分解为一个或几个单项工程，任何一个单项工程都是由一个或几个单位工程所组成。作为单位工程的各类建筑工程和安装工程仍然是一个比较复杂的综合实体，还需要进一步分解。单位工程可以按照结构部位、路段长度及施工特点或施工任务分解为分部工程。分解成分部工程后，从施工的角度，还需要把分部工程按照不同的施工方法、材料、工序及路段长度等，加以更为细致的分解，划分为更为简单细小的部分，即分项工程。其中，单项工程是具有独立的设计文件、竣工后可以独立发挥生产能力或工程效益的工程，单位工程能够独立施工的工程，单项工程又是单位工程的组部分。一个建设项目的成本计划就是各个环节的综合体，其成本的组合过程是：分部分项工程成本→单位工程成本→单项工程成本→建设项目总成本。

二、成本管理的方法

1. 成本预测

施工成本预测是指施工承包单位及其项目经理部有关人员凭借历史数据和工程经验，运用一定方法对工程项目未来的成本水平及其可能的发展趋势做出科学估计。工程项目成本预测是工程项目成本计划的依据。预测时，通常是对工程项目计划工期内影响成本的因素进行分析，对比近期已完的工程项目或将完工项目的成本，预测这些因素对施工成本的影响程度，估算出工程项目的单位成本或总成本。

施工成本预测的方法可分为定性预测和定量预测两大类。

（1）定性预测。指造价管理人员根据专业知识和实践经验，通过调查研究，利用已有资料，对成本费用的发展趋势及可能达到的水平所进行的分析和推断。由于定性预测主要依靠管理人员的素质和判断能力，因而这种方法必须建立在对工程项目成本费用的历史资料、现状及影响因素深刻了解的基础之上。这种方法简便易行，在资料不多、难以进行定量预测时最为适用。最常用的定性预测方法是调查研究判断法，具体方式有座谈会法和函询调查法。

（2）定量预测。指利用历史成本费用统计资料以及成本费用与影响因素之间的数量关系，通过建立数学模型来推测、计算未来成本费用的可能结果。在成本费用预测中，常用的定量预测方法有加权平均法、回归分析法等。

2. 成本计划

成本计划是在成本预测的基础上，施工承包单位及其项目经理部对计划期内工程项目成本水平所作的筹划。施工项目成本计划是以货币形式表达的项目在计划期内的生产费用、成本水平及为降低成本采取的主要措施和规划的具体方案。

成本计划是目标成本的一种表达形式,是建立项目成本管理责任制、开展成本控制和核算的基础,是进行成本费用控制的主要依据。

(1)成本计划的内容。施工成本计划一般由直接成本计划和间接成本计划组成。

1)直接成本计划。主要反映工程项目直接成本的预算成本、计划降低额及计划降低率。主要包括工程项目的成本目标及核算原则、降低成本计划表或总控制方案、对成本计划估算过程的说明及对降低成本途径的分析等。

2)间接成本计划。主要反映工程项目间接成本的计划数及降低额,在编制计划时,成本项目应与会计核算中间接成本项目的内容一致。

此外,施工成本计划还应包括项目经理对可控责任目标成本进行分解后形成的各个实施性计划成本,即各责任中心的责任成本计划。责任成本计划又包括年度、季度和月度责任成本计划。

(2)成本计划的编制方法。

1)目标利润法。指根据工程项目的合同价格扣除目标利润后得到目标成本的方法。在采用正确的投标策略和方法以最理想的合同价中标后,从标价中扣除预期利润、税金、应上缴的管理费等之后的余额即为工程项目实施中所能支出的最大限额。

2)技术进步法。指以工程项目计划采取的技术组织措施和节约措施所能取得的经济效果为项目成本降低额,求得项目目标成本的方法。

项目目标成本 = 项目成本估算值 – 技术节约措施计划节约额(或降低成本额)

3)按实计算法。是以工程项目的实际资源消耗测算为基础,根据所需资源的实际价格,详细计算各项活动或各项成本组成的目标成本,即:

人工费 = Σ 各类人员计划用工量 × 实际工资标准

材料费 = Σ 各类材料的计划用量 × 实际材料基价

施工机具使用费 = Σ 各类机具的计划台班量 × 实际台班单价

在此基础上,由项目经理部生产和财务管理人员结合施工技术和管理方案等测算措施费、项目经理部的管理费等,最后构成项目的目标成本。

4)定率估算法(历史资料法)。当工程项目非常庞大和复杂而需要分为几个部分时采用的方法。首先将工程项目分为若干子项目,参照同类工程项目的历史数据,采用算术平均法计算子项目目标成本降低率和降低额,然后再汇总整个工程项目的目标成本降低率、降低额。在确定子项目成本降低率时,可采用加权平均法或三点估算法。

三、成本控制

成本控制是指在工程项目实施过程中，对影响工程项目成本的各项要素，即施工生产所耗费的人力、物力和各项费用开支，采取一定措施进行监督、调节和控制，及时预防、发现和纠正偏差，保证工程项目成本目标的实现。成本控制是工程项目成本管理的核心内容，也是工程项目成本管理中不确定因素最多、最复杂、最基础的管理内容。

（1）成本控制的内容和过程。施工成本控制包括计划预控、过程控制和纠偏控制三个重要环节。

1) 计划预控。是指应运用计划管理的手段事先做好各项施工活动的成本安排，使工程项目预期成本目标的实现建立在有充分技术和管理措施保障的基础上，为工程项目的技术与资源的合理配置和消耗控制提供依据。控制的重点是优化工程项目实施方案、合理配置资源和控制生产要素的采购价格。

2) 过程控制。是指控制实际成本的发生，包括实际采购费用发生过程的控制、劳动力和生产资料使用过程的消耗控制、质量成本及管理费用的支出控制。施工承包单位应充分发挥工程项目成本责任体系的约束和激励机制，提高施工过程的成本控制能力。

3) 纠偏控制。是指在工程项目实施过程中，对各项成本进行动态跟踪核算，发现实际成本与目标成本产生偏差时，分析原因，采取有效措施予以纠偏。

（2）成本控制的方法。

1) 成本分析表法。是指利用各种表格进行成本分析和控制的方法。应用成本分析表法可以清晰地进行成本比较研究。常见的成本分析表有月成本分析表、成本日报或周报表、月成本计算及最终预测报告表。

2) 工期—成本同步分析法。成本控制与进度控制之间有着必然的同步关系。因为成本是伴随着工程进展而发生的。如果成本与进度不对应，说明工程项目进展中出现虚盈或虚亏的不正常现象。

施工成本的实际开支与计划不相符，往往是由两个因素引起的：一是在某道工序上的成本开支超出计划；二是某道工序的施工进度与计划不符。因此，要想找出成本变化的真正原因，实施良好有效的成本控制措施，必须与进度计划的适时更新相结合。

3) 净值分析法。净值分析法是对工程项目成本/进度进行综合控制的一种分析方法。通过比较已完工程预算成本（Budget Cost of the Work Performed，BCWP）与已完工程实际成本（Actual Cost of the Work Performed，ACWP）之间的差值，可以分析由于实际价格的变化而引起的累计成本偏差；通过比较已完工程预算成本（BCWP）与拟完工程预算成本（Budget Cost of the Work Scheduled，BCWS）之间的差值，可以分析由于进度偏差而引起的累计成本偏差。并通过计算后续未完工程的计划成本余额，预测其尚需的成本数额，从而为后续工程施工的成本、进度控制及寻求降低成本挖潜途径指明方向。

4）价值工程方法。价值工程方法是对工程项目进行事前成本控制的重要方法，在工程项目设计阶段，研究工程设计的技术合理性，探索有无改进的可能性，在提高功能的条件下，降低成本。在工程项目施工阶段，也可以通过价值工程活动，进行施工方案的技术经济分析，确定最佳施工方案，降低施工成本。

四、成本核算

核算是施工承包单位利用会计核算体系，对工程项目施工过程中所发生的各项费用进行归集，统计其实际发生额，并计算工程项目总成本和单位工程成本的管理工作。工程项目成本核算是施工承包单位成本管理最基础的工作，成本核算所提供的各种信息，是成本预测、成本计划、成本控制和成本考核等的依据。

（1）成本核算的对象和范围。施工项目经理部应建立和健全以单位工程为对象的成本核算账务体系，严格区分企业经营成本和项目生产成本，在工程项目实施阶段不对企业经营成本进行分摊，以正确反映工程项目可控成本的收、支、结、转的状况和成本管理业绩。

施工成本核算应以项目经理责任成本目标为基本核算范围；以项目经理授权范围相对应的可控责任成本为核算对象，进行全过程分月跟踪核算。根据工程当月形象进度，对已完工程实际成本按照分部分项工程进行归集，并与相应范围的计划成本进行比较，分析各分部分项工程成本偏差的原因，并在后续工程中采取有效控制措施并进一步寻找降本挖潜的途径。项目经理部应在每月成本核算的基础上编制当月成本报告，作为工程项目施工月报的组成内容，提交企业生产管理和财务部门审核备案。

（2）成本核算的方法。

1）表格核算法。是建立在内部各项成本核算基础上，由各要素部门和核算单位定期采集信息，按有关规定填制一系列的表格，完成数据比较、考核和简单的核算，形成工程项目施工成本核算体系，作为支撑工程项目施工成本核算的平台。表格核算法需要依靠众多部门和单位支持,专业性要求不高。其优点是比较简洁明了,直观易懂,易于操作,适时性较好。缺点是覆盖范围较窄,核算债权债务等比较困难;且较难实现科学严密的审核制度,有可能造成数据失实,精度较差。

2)会计核算法。是指建立在会计核算基础上,利用会计核算所独有的借贷记账法和收支全面核算的综合特点,按工程项目施工成本内容和收支范围,组织工程项目施工成本的核算。不仅核算工程项目施工的直接成本,而且还要核算工程项目在施工生产过程中出现的债权债务、为施工生产而自购的工具、器具摊销、向建设单位的报量和收款、分包完成和分包付款等。其优点是核算严密、逻辑性强、人为调节的可能因素较小、核算范围较大。但对核算人员的专业水平要求较高。

由于表格核算法具有便于操作和表格格式自由等特点,可以根据企业管理方式和要求设置各种表格。因而对工程项目内各岗位成本的责任核算比较实用。施工承包单位除对整个企业的生产经营进行会计核算外,还应在工程项目上设成本会计,进行工程项目成本核算,减少数据的传递,提高数据的及时性,便于与表格核算的数据接口,这将成为工程项目施工成本核算的发展趋势。

总的说来,用表格核算法进行工程项目施工各岗位成本的责任核算和控制,用会计核算法进行工程项目施工成本核算,两者互补,相得益彰,确保工程项目施工成本核算工作的开展。

五、成本管理的影响因素

影响工程成本的主要因素包括:项目属性、人员属性、计算机属性、项目成果属性及其他的因素。在进行项目成本估算时,应当综合考虑这些因素。

(1)项目属性。项目本身的属性是影响工程成本最直接的因素,需求的不确定性、计划的不落实性、规模和工作量的不确定性、进度与质量限制、外部环境的影响和项目风险、使用软件的工具以及现代程序设计规范的运用都会影响到工程成本。

(2)人员属性。人员是工程项目的主要角色,由于信息系统工程的知识密集型特点,对技术人员的依赖性强。系统分析员的能力、程序员和测试人员的能力、虚拟机经验、使用程序设计语言的经验、应用经验以及人员的流动都牵涉到项目成本。

(3)计算机属性。计算机的执行时间、主存限制、虚拟机的易变性和计算机的周转时间也会对软件开发成本造成影响。

（4）项目成果属性。项目成果需要注意的有三个方面：

1）可靠性要求越高的软件开发，所投入在开发各阶段上的质量控制方面的成本越高。并不是所有软件都有相同的可靠性要求，对可靠性的要求等级可以根据不同的应用特点具体定义。

2）数据集的规模。

3）软件产品的复杂性。

（5）其他的因素。应用类型、语言水平、其他有关软件规模的度量（复杂性、实体和规格说明）、管理质量、用户接口质量、文档的数量、硬件配置以及安全和保密性的限制等都会影响工程成本。在实际工作中，加强对这些因素的预测和管理，采取合理的措施，做好工程成本控制工作是关键。

六、成本控制

根据项目成本控制的所处的阶段不同，成本控制可分为成本主动控制与成本被动控制。

1. 成本主动控制

主动控制就是预先分析目标偏离的可能性，并拟订和采取各项预防性措施，以使计划目标得以实现。主动控制是一种面对未来的控制，它可以解决传统控制过程中存在的时滞影响，尽最大可能改变偏差已经成为事实的被动局面，从而使控制更为有效。

主动控制是一种前馈控制。当控制者根据已掌握的可靠信息预测出系统将要输出偏离计划的目标时，就制定纠正措施并向系统输入，以便使系统的运行不发生偏离。主动控制又是一种事前控制，它必须在事情发生之前采取控制措施。

实施主动控制，可以采取以下措施：

（1）详细调查并分析研究外部环境条件，以确定影响目标实现和计划实施的各种有利和不利因素，并将这些因素考虑到计划和其他管理职能之中。

（2）识别风险，努力将各种影响目标实现和计划实施的潜在因素揭示出来，为风险分析和管理提供依据，并在计划实施过程中做好风险管理工作。

（3）用科学的方法制订计划。做好计划可行性分析，消除那些造成资源不可行、技术不可行、经济不可行和财务不可行的错误和缺陷，保障工程的实施能够有足够的时间、空间、人力、物力和财力，并在此基础上力求使计划得到优化。事实上，计划制定得越明确、完善，就越能设计出有效的控制系统，也就越能使控制产生更好的效果。

（4）高质量地做好组织工作，使组织与目标和计划高度一致，把目标控制的任务与管理职能落实到适当的机构和人员，做到职权与职责明确，使全体成员能够通力协作，为共同实现目标而努力。

（5）制定必要的备用方案，以应对可能出现的影响目标或计划实现的情况。一旦发生这些情况，有应急措施作保障，从而可以减少偏离量，或避免发生偏离。

（6）计划应有适当的松弛度，即"计划应留有余地"。这样，可以避免那些经常发生但又不可避免的干扰因素对计划产生影响，减少"例外"情况产生的数量，从而使管理人员处于主动地位。

（7）沟通信息流通渠道，加强信息收集、整理和研究工作，为预测工程未来发展状况提供全面、及时、可靠的信息。

2. 成本被动控制

被动控制是指当系统按计划运行时，管理人员对计划的实施进行跟踪，将系统输出的信息进行加工、整理，再传递给控制部门，使控制人员从中发现问题，找出偏差，寻求并确定解决问题和纠正偏差的方案，然后再回送给计划实施系统付诸实施，使得计划目标一旦出现偏离就能得以纠正。被动控制是一种反馈控制。对项目管理人员而言，被动控制仍然是一种积极的控制，也是一种十分重要的控制方式，而且是经常采用的控制方式。

被动控制可以采取以下措施：

（1）应用现代化管理方法和手段跟踪、测试、检查工程实施过程，发现异常情况，及时采取纠偏措施。

（2）明确项目管理组织中过程控制人员的职责，发现情况及时采取措施进行处理。

（3）建立有效的信息反馈系统，及时反馈偏离计划目标值的情况，以便及时采取措施予以纠正。

在成本管理中，主动控制与被动控制都是实现成本管理目标必须采用的控制方式。有效地控制项目成本是将主动控制与被动控制紧密地结合起来，力求加大主动控制在控制过程中的比例，同时进行定期、连续的被动控制。只有如此，才能完成项目目标控制的根本任务。

七、成本降低途径

随着国家投资结构的调整，全国建筑市场竞争愈演愈烈，全行业进入了微利时代。因此，企业要想立足，要想有长足的发展，关键在于如何把成本降到最满意的程度。降低工程成本的关键在于做好事前计划，事中控制，事后分析。

1. 事前计划准备

在项目开工前，项目经理部应做好前期准备工作，选定先进的施工方案，选好合理的材料商和供应商，编制每期的项目成本计划，做到心中有数。

（1）制订先进可行的施工方案，拟订技术组织措施。施工方案主要包括四个内容：施工方法的确定、施工机器及工具的选择、施工顺序的安排和流水施工的组织。施工方案的不同，工期就会不同，所需机器、工具也不同。因此，施工方案的优化选择是施工企业降低工程成本的主要途径。制定施工方案要以合同工期和上级要求为依据，同时兼顾项目的规模、性质、复杂程度、现场等因素综合考虑。可以同时制订几个施工方案，互相比较，从中优选最合理、最经济的一个。同时拟订经济可行的技术组织措施计划，列入施工组织设计之中。为保证技术组织措施计划的落实并取得预期效果，工程技术人员、材料员、现场管理人员应明确分工，形成落实技术组织措施的一条龙。

（2）组织签订合理的分包合同与材料合同。分包合同及材料合同应通过公开招标投标的方式，由主管部门组织经营合同、工程管理、材料采购及财务资金有关人员与项目经理一起，与分包商就合同价格和合同条款进行协商讨论，主要的分包合同条款要与主合同背靠背承担，将合同执行风险转嫁给分包商。招标投标工作应本着公平公正的原则进行，招标书要求密封，评标工作由招标领导小组全体成员参加，不搞一人说了算，并且必须有层层审批手续。同时，还应建立分包商和材料商的档案，以选择最合理的分包商与材料商，从而达到控制支出的目的。

（3）做好项目成本计划。成本计划是项目实施之前所做的成本管理准备活动，是项目管理系统运行的基础和先决条件，是根据内部承包合同确定的目标成本。公司应根据施工组织设计和生产要素的配置等情况，按施工进度计划，确定每个项目月、季成本计划和项目总成本计划，计算出保本点和目标利润，作为控制施工过程生产成本的依据，使项目经理部人员及施工人员无论在工程进行到何种进度，都能事前清楚知道自己的目标成本，以便采取相应手段控制成本。

2. 事中实施控制

在项目施工过程中，按照所选的技术方案，严格按照成本计划进行实施和控制，包括对生产资料费的控制，人工消耗的控制和现场管理费用等内容。

（1）降低材料成本。

1）推行三级收料及限额领料。在工程建设中，材料成本占整个工程成本的比重最大，一般可达70%左右，而且有较大的节约潜力，往往在其他成本出现亏损时，要靠材料成本的节约来弥补。因此，材料成本的节约，也是降低工程成本的关键。组成工程成本的材料包括主要材料和辅助材料，主要材料是构成工程的主要材料，如钢材、木材、水泥等，辅助材料是完成工程所必须的手段材料，如氧、乙炔气、锯、砂轮片等。对施工主要材料实行限额发料，按理论用量加合理损耗的办法与施工作业队结算，节约时给予奖励，超出时由施工作业队自行承担，从施工作业队结算金额中扣除，这样施工作业队将会更合理的使用材料，减少了浪费损失。

推行限额发料，首先要合理确定应发数量，这种数量的确定可以是以国家或地区定额管理部门测定的数据为准，也可以是施工作业人员与项目定额员共同测算并经双方确认的数据。总之，要经过双方的确认。其次是要推行三级收料。三级收料是限额发料的一个重要环节，是施工作业队对项目部采购材料的数量给予确认的过程。所谓三级收料，就是首先由收料员清点数量，记录签字，其次是材料部门的收料员清点数量，验收登记，再由施工作业队清点并确认，如发现数量不足或过剩时，由材料部门解决。应发数量及实发数量确定后，施工作业队施工完毕，对其实际使用数量再次确认后，即可实行奖罚兑现。

通过限额发料、三级收料的办法不仅控制了收发料中的"缺斤短两"的现象，而且使材料得到更合理有效的利用。

2）组织材料合理进出场。一个项目往往有上百种材料，所以合理安排材料进出场的时间特别重要。首先应当根据定额和施工进度编制材料计划，并确定好材料的进出场时间。因为如果进场太早，就会早付款给材料商，增加公司贷款利息，还可能增加二次搬运费，有些易受潮的材料更可能堆放太久导致不能使用，需重新订货，增加成本；若材料进场太晚，不但影响进度，还可能造成误期罚款或增加赶工费。其次应把好材料领用关和投料关，降低材料损耗率。材料的损耗由于品种、数量、铺设的位置不同，其损耗也不一样。为了降低损耗，项目经理应组织工程师和造价工程师，根据现场实际情况与分包商确定一个合理损耗率，由其包干使用，节约双方分成，超额扣工程款，这样让每一个分包商或施工人员在材料用量上都与其经济利益挂钩，降低整个工程的材料成本。

（2）节约现场管理费。施工项目现场管理费包括临时设施费和现场经费两项内容，此两项费用的收益是根据项目施工任务而核定的。但是，它的支出却并不与项目工程量的大小成正比变化,它的支出主要由项目部自己来支配。建筑安装工程生产工期长,少则几个月,多则几年,其临时设施的支出是一个不小的数字,一般来说应本着经济适用的原则布置,同时应该是易于拆迁的临时建筑,最好是可以周转使用的成品或半成品。对于现场经费的管理,应抓好如下工作:一是人员的精简;二是工程程序及工程质量的管理,一项工程,在具体实施中往往受时间、条件的限制而不能按期顺利进行,这就要求合理调度,循序渐进;三是建立 QC 小组,促进管理水平不断提高,减少管理费用支出。

3. 事后分析总结

事后分析是下一个循环周期事前科学预测的开始,是成本控制工作的继续。在坚持每月每季度综合分析的基础上,采取回头看的方法,及时检查、分析、修正、补充,以达到控制成本和提高效益的目标。

(1)根据项目部制定的考核制度,对成本管理责任部室、相关部室、责任人员、相关人员及施工作业队进行考核,考核的重点是完成工作量、材料、人工费及机械使用费四大指标,根据考核结果决定奖罚和任免,体现奖优罚劣的原则。

(2)及时进行竣工总成本结算。工程完工后,项目经理部将转向新的项目,应组织有关人员及时清理现场的剩余材料和机械,辞退不需要的人员,支付应付的费用,以防止工程竣工后,继续发生包括管理费在内的各种费用。同时由于参加施工人员的调离,各种成本资料容易丢失,因此,应根据施工过程中的成本核算情况,做好竣工总成本的结算,并根据其结果,评价项目的成本管理工作,总结其得与失,及时对项目经理及有关人员进行奖罚。

第四章 建设预算的编制

第一节 建设预算的编制规则及内容组成

一、编制规则

（1）在建设预算正式编制之前，必须制定统一的编制原则和编制依据。主要内容包括：编制范围、工程量计算依据、定额（指标）和预规选定、装置性材料价格选用、设备价格的获取方式、编制基准期确定、编制基准期价差调整依据、编制基准期价格水平等。

（2）建筑工程费、安装工程费的人工、材料及机械价格以电力行业定额管理机构颁布的定额（指标）及相关规定为基础，并结合相应的电力行业定额管理机构颁布的价格调整规定计算人工、材料及机械价差。

（3）建设预算的取费计算规定应该与所采用的定额（指标）相匹配。首选电力行业定额（指标）和取费标准，不足部分选用工程所在地的地方定额（指标）和取费标准，以及配套的价格水平调整办法和编制规则。如果选用了电力行业之外的定额（指标）和取费标准，应在编制说明中予以说明。

（4）定额（指标）的调整及补充。

1）定额（指标）中所规定的技术条件与工程实际情况有较大差异时，可根据工程的技术条件与定额规定调整套用相应的定额（指标）。

2）定额（指标）中缺项的，应优先参考使用相似建设工艺的定额（指标）。在无相似或可参考的子目时，可根据类似工程预算或结算资料编制补充定额（指标）。对无资料可供参考的项目，可按工程的具体技术条件编制补充定额（指标）。

3）补充定额（指标）应符合现行定额编制管理规定，并报电力工程定额管理部门批准后方可使用。

（5）编制建设预算时，工程量的计算应根据定额（指标）所规定的工程量计算规则，按照设计图纸标示数据计算，如果图纸的设备材料汇总统计表中的数据与图示数据不一致，应以图示数据为准。

（6）编制建设预算时，计算建筑、安装工程量时应包括弯曲和预留量，不包括损耗量。

（7）建设预算应按建筑工程费、安装工程费、设备购置费和其他费用分别进行编制。

1）建筑工程费、安装工程费，如果由于定额价格水平计算原因，需要单独计算编制基准期价差时，费用的汇总计算顺序是：直接费、间接费、利润、编制基准期价差、税金。

2）建设工程费、安装工程费及相应的设备购置费编入表4-3，分别汇入表4-2。

3）取费可以采用单位工程逐项取费、单位工程综合系数取费方式在表4-3中计列，也可以采取按系统汇总后在表4-2中逐项取费方式。

4）其他费用编入表4-4。

（8）将表4-2和表4-4汇入表4-1，加上基本预备费和特殊项目费用，计取动态费用，从而计算项目的计划总资金。

（9）为便于技术经济比较，必须按照建设预算项目划分表（参见《火力发电工程建设预算编制与计算规定（2013年版）》附录）中规定的技术经济指标单位计算各项指标。技术经济指标单位为"元/kW"的指标，在计算时，千瓦数应以该系统本期的设计容量为准；单位为"元/kVA"的指标，在计算时，千伏安数应以工作变压器的额定容量为准，不包括备用变压器的容量；单位为"元/m"""元/km""元/m^2""元/m^3""元/t"的指标，其数量应为不含施工损耗的设计用量。

主厂房体积按建筑物外轮廓计算，包括汽机房、除氧煤仓间、锅炉房。锅炉露天布置时应包括炉前低封体积、锅炉运转层下部封闭时的体积，不包括独立或部分嵌入框架的集控楼的体积，也不含电梯井及锅炉紧身封闭的体积。

（10）发电机（包括主励磁机）、电气除尘器本体设备及其安装列入热力系统中，其电气性的工作及电气除尘器电源装置列入电气系统内。发电工程中的备用电源（柴油发电机级设备及安装）列入电气系统内。

（11）防洪、防风沙、水库等工程，如专为本工程设置而与工程项目同时设计和施工的项目，按一般工程对待，分别按性质列入相应的建筑、安装工程内；

如为本地区各厂矿公共设施，本工程只是分摊部分费用时，应列入特殊项目费用内。

（12）主厂房输煤栈桥、转运站内的雨淋阀系统按照项目划分列入独立的消防系统。

（13）建设电厂而引起电力系统中有关电厂或变电站的通信系统扩建的投资，应随设计范围分界确定。

二、内容组成

（1）建设预算由编制说明、总预（概、估）算表（见表4-1）、专业汇总预（概、估）算表（见表4-2和表4-3）、工程预（概、估）算表（见表4-4和表4-5）、其他费用预（概、估）算表（见表4-6）、主要技术经济指标（见表4-7）以及相应的附表、附件等组成。

（2）建设预算的编制说明要有针对性、文字描述要具体、确切、简练。其内容一般应包括：

1）工程概况：应包括设计依据、本期建设规模、规划容量；造价水平年、静态投资及单位投资，动态总投资及单位投资；资金来源；计划投产日期；外委设计项目名称及设计分工界线；项目地质特点、交通运输状况、主要工艺系统特征、公用系统建设规模；自然地理条件（如地震烈度、地耐力、地形、地质、地下水位等）和对投资有较大影响的情况；主要设备容量、型号、台数等。

2）改、扩建工程应根据工程实际补充项目的建设范围、过渡措施方案及其费用，可利用或需拆除的设备、材料、建（构）筑物等情况。

3）编制原则及依据：编制范围、工程量计算依据、定额（指标）和预规选定、装置性材料价格选用、设备价格获取方式、编制基准确定、编制基准期价差调整依据、编制基准期价格水平等。

4）工程造价水平分析。投资估算及初步设计概算分析内容包括：①与同期电力行业参考造价指标比较、分析；②与近期同类机组投资的比较、分析。

5）工程造价控制情况分析：工程预算总投资应控制在批准的初步设计概算投资范围内，初步设计概算投资应控制在已批准的可行性研究投资估算范围内。如果后一阶段总投资超出前一阶段已批准的总投资时，编制单位应修改设计或重新申报前一阶段的设计及总投资；如果因外部条件变化使得后一阶段总投资超出前一阶段已批准的总投资时，应做具体分析，并重点叙述总投资超出的原因及合理性，报原审批单位批准。

6）其他有关重大问题的说明。

（3）建设预算表格形式。

表 4-1　　　　　　　　　　　总预（概、估）算表

机组容量：　　　　　　　　　　　　　　　　　　　　　　　　　　　　单位：万元

序号	项目名称	建筑工程费	设备购置费	安装工程费	其他费用	合计	各项占静态投资（%）	单位投资[元/(kW)]
一	主辅生产工程							
（一）	热力系统							
（二）	燃料供应系统							
（三）	除灰系统							
（四）	水处理系统							
（五）	供水系统							
（六）	电气系统							
（七）	热工控制系统							
（八）	脱硫工程							
（九）	脱硝工程							
（十）	附属生产工程							
二	与厂址有关的单项							
（一）	交通运输工程							
（二）	储灰场、防浪堤、填海、护岸工程							
（三）	水质净化工程							
（四）	补给水工程							
（五）	地基处理工程							
（六）	厂区、施工区土石方工程							
（七）	临时工程							

续表

序号	项目名称	建筑工程费	设备购置费	安装工程费	其他费用	合计	各项占静态投资（%）	单位投资[元/(kW)]
三	编制基础期价差							
四	其他费用							
（一）	建设场地征用及清理费							
（二）	项目建设管理费							
（三）	项目建设技术服务费							
（四）	整套启动试运费							
（五）	生产准备费							
（六）	大件运输措施费							
五	基本预备费							
	特殊项目费用							
	工程静态投资							
六	各项占静态投资的比例							
	各项静态单位投资							
	动态费用							
	价差预备费							
七	建设期贷款利息							
	工程动态投资							
	其中：生产期可抵扣的增值税							

续表

序号	项目名称	建筑工程费	设备购置费	安装工程费	其他费用	合计	各项占静态投资（%）	单位投资[元/(kW)]
七	各项占动态投资比例							
	各项动态单位投资							
八	铺底流动资金							
	项目计划总资金							

注 如编制基准期价差已经在各单位工程中计算时，本表中的"编制基准期价差"可汇总一份，但不得重复计算。

表 4-2　　　　　　　　安装工程专业汇总预（概、估）算表　　　　　　　　单位：元

| 序号 | 项目名称 | 设备购置费 | 安装工程费 ||| 合计 | 技术经济指标 |||
			装置性材料费	安装费	其中人工费	小计		单位	数量	指标

注 1. 按单位工程从表 4-3 汇入。
　　2. 技术经济指标按工程项目划分表中的技术经济指标单位填写。

表4-3　　　　　　　　　　　建筑工程专业汇总预（概、估）算表　　　　　　　　单位：元

序号	项目名称	设备费	建筑费		建设工程费合计	技术经济指标		
			金额	其中人工费		单位	数量	指标

注　1. 按单位工程从表4-3汇入。
　　2. 技术经济指标按工程项目划分表中的技术经济指标单位填写。

表4-4　　　　　　　　　　　　　安装工程预（概、估）算表　　　　　　　　　　单位：元

序号	编制依据	项目名称	单位	数量	单价				合价			
					设备	装置性材料	安装	其中工资	设备	装置性材料	安装	其中工资

注　1. 在编制依据栏应注明采用的定额编号或指标编号，调整使用的应注明调整系数，参照使用的应注明"参+定额编号"；采用其他资料时应注明"参××工程"字样，"补"或"估"字样。
　　2. 单价栏中的数据应保留两位小数，合价栏中的数据只保留整数，有小数时四舍五入。

表 4-5　　　　　　　　　　　　建筑工程预（概、估）算表　　　　　　　　　　单位：元

序号	编制依据	项目名称	单位	数量	设备单价	建筑费单价		设备合价	建筑费合价	
						金额	其中工资		金额	其中工资

注　1. 在编制依据栏应注明采用的定额编号或指标编号，调整使用的应注明调整系数，参照使用的应注明"参＋定额编号"；采用其他资料时应注明"参××工程"字样，"补"或"估"字样。
　　2. 给排水、暖气、通风、空调、照明、消防等项目中的设备购置费列入设备栏中。
　　3. 单价栏中的数据应保留两位小数，合价栏中的数据只保留整数，有小数时四舍五入。

表 4-6　　　　　　　　　　　　其他费用预（概、估）算表　　　　　　　　　　单位：元

序号	项目名称	编制依据及计算说明	合价

注　编制依据及计算说明必须详细填写，并注明数据来源及计算过程。

表 4-7　　　　　　　　　　　　发电工程概况及主要技术经济指标

本期容量		MW	规划容量		MW
厂区自然条件及主厂房特征					
场地土类别		地震烈度	（°）	地下水位	m
布置方式		主机布置		框架结构	
汽机房跨度	m	汽机房柱距	m	设备露天程度	
主要工艺系统简况					
输煤系统			除尘系统		

续表

制粉系统		除灰系统	
主蒸汽系统		电气主接线	
化学水系统		供水系统	
脱硫系统		脱硝系统	
主要技术经济指标			
静态投资	万元	单位投资	元/kW
厂区占地	ha	厂区利用系统	%
主厂房体积	m³	主厂房指标	m³/kW
标准煤耗	kg/kWh	厂用电率	%
发电成本	元/kWh	电厂定员	人

（4）建设预算成品内容见表4-6。

表4-8　　　　　　　　　　建设预算成品内容

序号	项目名称	初步可行性研究估算	可行性研究估算	初步设计概算	施工图预算	施工预算
1	编制说明	√	√	√	√	√
2	工程概况及主要技术经济指标表（表五）	√	√	√	√	√
3	总预（概、估）算表（表一）	√	√	√	√	√
4	专业汇总预（概、估）算表（表二甲、乙）	*	√	√	√	√
5	安装工程预（概、估）算表（表三甲）	*	*	√	√	√
6	建筑工程预（概、估）算表（表三乙）	*	*	√	√	√
7	其他费用预（概、估）算表（表四）	*	*	√	√	√
8	附件及附表	*	*	√	√	√
9	投资分析报告	√	√	√	√	√

注　"*"作为编制单位的原始资料，可不作为正式成品文件。

（5）建设预算的附件及附表应完整，包括价差预备费计算表、建设期贷款利息计算表（可行性研究估算可不附）、编制基准期价差计算表，应有必要的附件或支持性文件；外委设计项目的建设预算表（如铁路、公路、码头、矿山等）；特殊项目费用的依据性文件及建设预算表等。

第二节　投资估算

一、投资估算的一般规定

（1）经核准的投资估算是项目建议书和可行性研究设计阶段确定工程总投资的限额，没有特殊原因不得突破。

（2）可行性研究主要依据国际经济发展的长期规划，地区、行业发展规划及经电网公司批复的接入系统审查意见，对厂址及外部条件进行方案比选，同时对厂内主要生产工艺系统提出工程设想方案。

（3）技术经济专业在初步可行性研究和可行性研究阶段的主要工作是编制投资估算、经济评价及配合方案比较。

（4）投资估算应满足以下要求：

1）投资估算必须符合火力发电厂可行性研究报告内容深度规定，费用计算合理，能够满足方案及控制初步设计概算的要求。

2）应满足工程项目推荐方案和工程设想的主要工艺系统、主要技术方案要求。

3）应满足建设预算成品的内容要求，必要时正式成品中还应包含不同方案的投资对比表。

4）必要时应提供工程所用的外汇额度、汇率、用途及其使用范围。

（5）可行性研究阶段的投资估算重点是方案比选。作方案比选时，由专业设计人员确定工程量，技术经济人员编制估算。专业设计人员应对工程量的准确性负责，技术经济人员应根据同期、同类型项目的工程预算工程量，对专业设计人员提出的工程量进行复核，并提出反馈意见。估算阶段对不能直接计算而又影响投资较大的建筑安装工程量，应参照典型设计或同期类似工程的工程量资料，经分析调整后采用，不得直接套用其他工程估算或概算工程量资料。

（6）项目法人应提供以下资料：

1）项目开办及经营方式，各投资方出资比例、币种、分利方式等；融资方式、融资币种、融资利率、融资费用、还款方式、还款年限及宽限期等。

2）建设场地的费用规定及依据文件。

3）外委设计项目的投资估、概算文件资料（如铁路、公路、码头、矿山等）。

4）估算编制中需提供的其他有关资料。

（7）编制项目初步可行性研究投资估算时，各种费用规定可参照可行性研究估算相关规定。

（8）初步可行性研究投资估算的编制方法与可行性研究投资估算一致。

（9）设备价格依次按市场信息价格、编制期限额设计参考造价指标中的价格、编制期同类设备的合同价格编制。

（10）安装工程装置性材料价格按电力行业定额管理机构颁布的规定计算，并按照编制期限额设计参考造价指标中的价格计算材料价差。

（11）建筑工程材料价格按照定额规定的原则计算，并按照电力行业定额管理机构颁布的调整规定及项目所在地定额（造价）管理部门发布的价格信息计算材料价差。

二、投资估算含义和作用

1. 投资估算的含义

投资估算是在投资决策阶段，以方案设计或可行性研究文件为依据，按照规定的程序、方法和依据，对拟建项目所需总投资及其构成进行的预测和估计；是在研究确定项目的建设规模、产品方案、技术方案、工艺技术、设备方案、厂址方案、工程建设方案以及项目进度计划等的基础上，依据特定的方法，估算项目从筹建、施工直至建成投产所需全部建设资金总额并测算建设期各年资金使用计划的过程。投资估算的成果文件称作投资估算书，也简称投资估算。投资估算书是项目建议书或可行性研究报告的重要组成部分，是项目决策的重要依据之一。

投资估算的准确与否不仅影响到可行性研究工作的质量和经济评价结果，而且直接关系到下一阶段设计概算和施工图预算的编制，以及建设项目的资金筹措方案。因此，全面准确地估算建设项目的工程造价，是可行性研究乃至整个决策阶段造价管理的重要任务。

2. 投资估算的作用

投资估算作为论证拟建项目的重要经济文件，既是建设项目技术经济评价和投资决策的重要依据，又是该项目实施阶段投资控制的目标值。投资估算在建设工程的投资决策、造价控制、筹集资金等方面都有重要作用。

（1）项目建议书阶段的投资估算，项目主管部门审批项目建议书的依据之一，也是编制项目规划、确定建设规模的参考依据。

（2）项目可行性研究阶段的投资估算，是项目投资决策的重要依据，也是研究、分析、计算项目投资经济效果的重要条件。当可行性研究报告被批准后，其投资估算额将作为设计任务书中下达的投资限额，即建设项目投资的最高限额，不得随意突破。

（3）项目投资估算是设计阶段造价控制的依据，投资估算一经确定，即成为限额设计的依据，用以对各设计专业实行投资切块分配，作为控制和指导设计的尺度。

（4）项目投资估算可作为项目资金筹措及制订建设贷款计划的依据，建设单位可根据批准的项目投资估算额，进行资金筹措和向银行申请贷款。

（5）项目投资估算是核算建设项目固定资产投资需要额和编制固定资产投资计划的重要依据。

（6）投资估算是建设工程设计招标、优选设计单位和设计方案的重要依据。在工程设计招标阶段，投标单位报送的投标书中包括项目设计方案、项目的投资估算和经济性分析，招标单位根据投资估算对各项设计方案的经济合理性进行分析、衡量、比较，在此基础上，择优确定设计单位和设计方案。

三、投资估算的内容

投资估算文件一般由封面、签署页、编制说明、投资估算分析、总投资估算表、单项工程估算表、主要技术经济指标等内容组成。

1. 投资估算编制说明

投资估算编制说明一般包括以下内容：

（1）工程概况。

（2）编制范围。说明建设项目总投资估算中所包括的和不包括的工程项目和费用；如有几个单位共同编制时，说明分工编制的情况。

（3）编制方法。

（4）编制依据。

（5）主要技术经济指标。包括投资、用地和主要材料用量指标。当设计规模有远、近期不同的考虑时，或者土建与安装的规模不同时，应分别计算后再综合。

（6）有关参数、率值选定的说明。如地拆迁、供电供水、考察咨询等费用的费率标准选用情况。

（7）特殊问题的说明（包括采用新技术、新材料、新设备、新工艺）；必须说明的价格的确定；进口材料、设备、技术费用的构成与技术参数；不包括项目或费用的必要说明等。

（8）采用限额设计的工程还应对投资限额和投资分解作进一步说明。

（9）采用方案比选的工程还应对方案比选的估算和经济指标作进一步说明。

2. 投资估算分析

（1）工程投资比例分析。一般建筑工程要分析土建、装饰、给排水、电气、暖通、空调、动力等主体工程和道路、广场、围墙、大门、室外管线、绿化等室外附属工程占总投资的比例；一般工业项目要分析主要生产项目（列出各生产装置）、辅助生产项目、公用工程项目（给排水、供电和通信、供气、总图运输及外管）、服务性工程、生活福利设施、厂外工程占建设总投资的比例。

（2）分析设备及工器具购置费、建筑工程费、安装工程费、工程建设其他费用、预备费、建设期利息占建设总投资的比例，分析引进设备费用占全部设备费用的比例等。

（3）分析影响投资的主要因素。

（4）与国内类似工程项目的比较，分析说明投资高低的原因。

3. 总投资估算

总投资估算包括汇总单项工程估算、工程建设其他费、基本预备费、价差预备费、计算建设期利息等。

4. 单项工程投资估算

单项工程投资估算中，应按建设项目划分的各个单项工程分别计算组成工程费用的建筑工程费、设备及工器具购置费和安装工程费。

5. 工程建设其他费用估算

工程建设其他费用估算应按预期将要发生的工程建设其他费用种类，逐项详细估算其费用金额。

6. 主要技术经济指标

估算人员应根据项目特点，计算并分析整个建设项目、各单项工程和主要单位工程的主要技术经济指标。

四、投资估算的编制

1. 投资估算的编制依据

依据建设项目特征、设计文件和相应的工程计价依据，对项目总投资及其构成进行估算，并对主要技术经济指标进行分析。建设项目投资估算编制依据是指在编制投资估算时进行工程计量以及价格确定，与工程计价有关参数、率值确定的基础资料，主要有以下几个方面：

（1）国家、行业和地方政府的有关规定。

（2）拟建项目建设方案确定的各项工程建设内容。

（3）工程勘察与设计文件，图示计量或有关专业提供的主要工程量和主要设备清单。

（4）行业部门、项目所在地工程造价管理机构或行业协会等编制的投资估算办法、投资估算指标、概算指标（定额）、工程建设其他费用定额（规定）、综合单价、价格指数和有关造价文件等。

（5）类似工程的各种技术经济指标和参数。

（6）工程所在地的同期的人工、材料、设备的市场价格，建筑、工艺及附属设备的市场价格和有关费用。

（7）政府有关部门、金融机构等部门发布的价格指数、利率、汇率、税率等有关参数。

（8）与项目建设相关的工程地质资料、设计文件、图纸等。

（9）其他技术经济资料。

2. 投资估算的编制要求

（1）应委托有相应工程造价咨询资质的单位编制。

（2）应根据主体专业设计的阶段和深度，结合各自行业的特点，所采用生产工艺流程的成熟性，以及编制单位所掌握的国家及地区、行业或部门相关投资估算基础资料和数据的合理、可靠、完整程度，采用合适的方法，对建设项目投资估算进行编制。

（3）应做到工程内容和费用构成齐全，不漏项，不提高或降低估算标准，计算合理，不少算、不重复计算。

（4）应充分考虑拟建项目设计的技术参数和投资估算所采用的估算系数、估算指标在质和量方面所综合的内容，应遵循口径一致的原则。

（5）应根据项目的具体内容及国家有关规定等，将所采用的估算系数和估算指标价格、费用水平调整到项目建设所在地及投资估算编制年的实际水平。对于建设项目的边界条件，如建设用地费和外部交通、水、电、通信条件，或市政基础设施配套条件等差异所产生的与主要生产内容投资无必然关联的费用，应结合建设项目的实际情况进行修正。

（6）应对影响造价变动的因素进行敏感性分析，分析市场的变动因素，充分估计物价上涨因素和市场供求情况对项目造价的影响，确保投资估算的编制质量。

（7）投资估算精度应能满足控制初步设计概算要求，并尽量减少投资估算的误差。

3. 投资估算的编制步骤

根据投资估算的不同阶段，主要包括项目建议书阶段及可行性研究阶段的投资估算。可行性研究阶段的投资估算编制一般包含静态投资部分、动态投资部分与流动资金估算三部分，主要包括以下步骤：

（1）分别估算各单项工程所需建筑工程费、设备及工器具购置费、安装工程费，在汇总各单项工程费用的基础上，估算工程建设其他费用和基本预备费，完成工程项目静态投资部分的估算。

（2）在静态投资部分的基础上，估算价差预备费和建设期利息，完成工程项目动态投资部分的估算。

（3）估算流动资金。

（4）估算建设项目总投资。

第三节　初步设计概算

一、一般规定

（1）初步设计概算总投资应控制在已核准的可行性研究估算投资范围内。根据工程准备和建设程序需要，"四通一平"工程、与项目有关的单项工程以及提前开工项目的初步设计概算可先行编审。

（2）编制及送审初步设计概算时，项目法人应提供的资料如下：

1）主要设备、材料的供货价格及供货范围。

2）建设场地征用及清理的费用规定及依据文件或协议。

3）外委设计项目的正式概算，如铁路、公路、码头、航道、矿山、水库等。

4）项目前期工作的各项费用。

5）当期购电单价。

6）初步设计概算编制中需要提供的其他有关资料。

（3）初步设计概算应满足以下要求：

1）初步设计概算工程量计算准确，价格水平符合工程所在地投资编制基准期市场水平，取费规定应符合电力行业有关规定。

2）满足选定的生产工艺系统和技术方案的要求。

3）应满足建设预算成品的内容要求。

（4）概算工程量应与初步设计图纸、说明书及设备、材料清单保持一致。对影响投资较大的项目，各专业设计人员应参照建设条件相当的参考设计、类似工程的施工图工程量，经分析调整后确定。技术经济专业人员应根据掌握的工程预算或竣工结算资料，对设计人员提供的工程量进行复核，如有疑问，应及时反馈，以提高概算工程量的准确性。

（5）引进单项设备，应根据合同分别计算国外段运杂费、保险费，关税及进口相关费用后，根据国内设备价格计算国内段运杂费等费用。

（6）设备价格按合同价格、市场信息价格、编制期限额设计参考造价指标中的价格、编制期同类设备的合同价格，由先到后进行编制。

（7）安装工程装置性材料价格按照电力行业定额管理机构颁发的规定计算，并按照编制期限额设计参考造价指标中的价格计算材料价差。

（8）建筑工程材料价格按照定额规定的原则计算，并按照电力行业定额管理机构颁发调整规定及项目所在地定额（造价）管理部门发布的价格信息计算材料价差。

二、初步设计概算的作用

初步设计概算是工程造价在设计阶段的表现形式，但其并不具备价格属性。因为设计概算不是在市场竞争中形成的，而是设计单位根据有关依据计算出来的工程建设的预期费用，用于衡量建设投资是否超过估算并控制下一阶段费用支出。设计概算的主要作用是控制以后各阶段的投资，具体表现为：

（1）设计概算是编制固定资产投资计划、确定和控制建设项目投资的依据。设计概算投资应包括建设项目从立项、可行性研究、设计、施工、试运行到竣工验收等的全部建设资金。按照国家有关规定，编制年度固定资产投资计划，确定计划投资总额及其构成数额，要以批准的初步设计概算为依据，没有批准的初步设计文件及其概算，建设工程不能列入年度固定资产投资计划。

　　设计概算一经批准，将作为控制建设项目投资的最高限额。在工程建设过程中，年度固定资产投资计划安排、银行拨款或贷款、施工图设计及其预算、竣工决算等，未经规定程序批准，都不能突破这一限额，确保对国家固定资产投资计划的严格执行和有效控制。

　　（2）设计概算是控制施工图设计和施工图预算的依据。经批准的设计概算是建设工程项目投资的最高限额。设计单位必须按批准的初步设计和总概算进行施工图设计，施工图预算不得突破设计概算，设计概算批准后不得任意修改和调整；如需修改或调整时，须经费用构成原批准部门重新审批。竣工结算不能突破施工图预算，施工图预算不能突破设计概算。

　　（3）设计概算是衡量设计方案技术经济合理性和选择最佳设计方案的依据。设计部门在初步设计阶段要选择最佳设计方案，设计概算是从经济角度衡量设计方案经济合理性的重要依据。因此，设计概算是衡量设计方案技术经济合理性和选择最佳设计方案的依据。

　　（4）设计概算是编制招标控制价（招标标底）和投标报价的依据。以设计概算进行招投标的工程，招标单位以设计概算作为编制招标控制价（标底）及评标定标的依据。承包单位也必须以设计概算为依据，编制投标报价，以合适的投标报价在投标竞争中取胜。

　　（5）设计概算是签订建设工程合同和贷款合同的依据。合同法中明确规定，建设工程合同价款是以设计概、预算价为依据，且总承包合同不得超过设计总概算的投资额。银行贷款或各单项工程的拨款累计总额不能超过设计概算。如果项目投资计划所列支投资额与贷款突破设计概算时，必须查明原因，之后由建设单位报请上级主管部门调整或追加设计概算总投资。凡未批准之前，银行对其超支部分不予拨付。

　　（6）设计概算是考核建设项目投资效果的依据。通过设计概算与竣工决算对比，可以分析和考核建设工程项目投资效果的好坏，同时还可以验证设计概算的准确性，有利于加强设计概算管理和建设项目的造价管理工作。

三、初步设计概算的编制内容

　　初步设计概算文件的编制应采用单位工程概算、单项工程综合概算、建设项目总概算三级概算编制形式。当建设项目为一个单项工程时，可采用单位工程概算、总概算两级概算编制形式。

（1）单位工程概算。单位工程是指具有独立的设计文件，能够独立组织施工，但不能独立发挥生产能力或使用功能的工程项目，是单项工程的组成部分。单位工程概算是以初步设计文件为依据，按照规定的程序、方法和依据，计算单位工程费用的成果文件，是编制单项工程综合概算（或项目总概算）的依据，是单项工程综合概算的组成部分。单位工程概算按其工程性质可分为建筑工程概算和设备及安装工程概算两大类。建筑工程概算包括土建工程概算，给排水、采暖工程概算，通风、空调工程概算，电气照明工程概算，弱电工程概算，特殊构筑物工程概算等；设备及安装工程概算包括机械设备及安装工程概算，电气设备及安装工程概算，热力设备及安装工程概算，工器具及生产家具购置费概算等。

（2）单项工程概算。单项工程是指在一个建设项目中，具有独立的设计文件，建成后能够独立发挥生产能力或使用功能的工程项目。它是建设项目的组成部分，如生产车间、办公楼、食堂、图书馆、学生宿舍、住宅楼、一个配水厂等。单项工程是一个复杂的综合体，是一个具有独立存在意义的完整工程，如输水工程、净水厂工程、配水工程等。单项工程概算是以初步设计文件为依据，在单位工程概算的基础上汇总单项工程费用的成果文件，由单项工程中的各单位工程概算汇总编制而成，是建设项目总概算的组成部分。

（3）建设项目总概算。建设项目总概算是以初步设计文件为依据，在单项工程综合概算的基础上计算建设项目概算总投资的成果文件，它是由各单项工程综合概算、工程建设其他费用概算、预备费、建设期利息和铺底流动资金概算汇总编制而成的。

若干个单位工程概算汇总后成为单项工程概算，若干个单项工程概算和工程建设其他费用、预备费、建设期利息、铺底流动资金等概算文件汇总后成为建设项目总概算。单项工程概算和建设项目总概算仅是一种归纳、汇总性文件，因此，最基本的计算文件是单位工程概算书。若建设项目为一个独立单项工程，则建设项目总概算书与单项工程综合概算书可合并编制。

四、初步设计概算的编制

1. 设计概算的编制依据

（1）国家、行业和地方政府有关建设和造价管理的法律、法规、规章、规程、标准等。

（2）相关文件和费用资料，包括：

1）初步设计或扩大初步设计图纸、设计说明书、设备清单和材料表等。其中，土建工程包括建筑总平面图、平面图与立面图、剖面图和初步设计文字说明（注明门窗尺寸、装修标准等），结构平面布置图、构件尺寸及特殊构件的钢筋配置；安装工程包括给排水、采暖通风、电气、动力等专业工程的平面布置图、系统图、文字说明和设备清单等；室外工程包括平面图、总图专业建设场地的地形图和场地设计标高及道路、排水沟、挡土墙、围墙等构筑物的断面尺寸。

2）批准的建设项目设计任务书（或批准的可行性研究报告）和主管部门的有关规定。

3）国家或省、市、自治区现行的建筑设计概算定额（综合预算定额或概算指标）、现行的安装设计概算定额（或概算指标），类似工程概预算及技术经济指标。

4）建设工程所在地区的人工工资标准、材料预算价格、施工机械台班预算价格，标准设备和非标准设备价格资料，现行的设备原价及运杂费率，各类造价信息和指数。

5）国家或省、市、自治区现行的建筑安装工程间接费定额和有关费用标准。工程所在地区的土地征购、房屋拆迁、青苗补偿等费用和价格资料。

6）资金筹措方式或资金来源。

7）正常的施工组织设计及常规施工方案。

8）项目涉及的有关文件、合同、协议等。

（3）施工现场资料。概算编制人员应熟悉设计文件，掌握施工现场情况，充分了解设计意图，掌握工程全貌，明确工程的结构形式和特点。掌握施工组织与技术应用情况，深入施工现场了解建设地点的地形、地貌及作业环境，并加以核实、分析和修正。主要包括的现场资料如下：

1）建设场地的工程地质、地形地貌等自然条件资料和建设工程所在地区的有关技术经济条件资料。

2）项目所在地区有关的气候、水文、地质地貌等自然条件。

3）项目所在地区的经济、人文等社会条件。

4）项目的技术复杂程度，以及新工艺、新材料、新技术、新结构、专利使用情况等。

5）建设项目拟定的建设规模、生产能力、工艺流程、设备及技术要求等情况。

6）项目建设的准备情况，包括"三通一平"，施工方式的确定，施工用水、用电的供应等诸多因素。

2. 设计概算的编制要求

（1）设计概算应按编制时项目所在地的价格水平编制，总投资应完整地反映编制时建设项目实际投资。

（2）设计概算应结合项目所在地设备和材料市场供应情况、建筑安装施工市场变化，还应按项目合理工期预测建设期价格水平，以及资产租赁和贷款的时间价值等动态因素对投资的影响。

（3）设计概算应考虑建设项目施工条件以及能够承担项目施工的工程公司情况等因素对投资的影响。

3. 初步设计概算编制步骤

建筑工程概算表的编制，按构成单位工程的主要分部分项工程编制，根据初步设计工程量按工程所在省、市、自治区颁发的概算定额（指标）或行业概算定额（指标），以及工程费用定额计算。利用概算定额法编制设计概算的步骤如下：

（1）搜集基础资料、熟悉设计图纸和了解有关施工条件和施工方法。

（2）按照概算定额分部分项顺序，列出单位工程中分项工程或扩大分项工程项目名称并计算工程量。工程量计算应按概算定额中规定的工程量计算规则进行，计算时采用的原始数据必须以初步设计图纸所标识的尺寸或初步设计图纸能读出的尺寸为准，并将计算所得各分项工程量按概算定额编号顺序，填入工程概算表内。

（3）确定各分部分项工程项目的概算定额单价。工程量计算完毕后，逐项套用相应概算定额单价和人工、材料消耗指标。然后分别将其填入工程概算表和工料分析表中。如遇设计图中的分项工程项目名称、内容与采用的概算定额手册中相应的项目有某些不相符时，则按规定对定额进行换算后方可套用。

有些地区根据地区人工工资、物价水平和概算定额编制有与概算定额配合使用的扩大单位估价表，该表确定了概算定额中各扩大分项工程或扩大结构构件所需的全部人工费、材料费、施工机具使用费之和，即概算定额单价。在采用概算定额法编制概算时，可以将计算出的扩大分部分项工程的工程量，乘以扩大单位估价表中的概算定额单价进行人、材、机费的计算。

（4）计算单位工程人、材、机费。将已算出的各分部分项工程项目的工程量及在概算定额中已查出的相应定额单价和单位人工、主要材料消耗指标、机械消耗分别相乘，即可得出各分项工程的人、材、机费和人工、主要材料消耗量、机械台班消耗。再汇总各分项工程的人、材、机费及人工、主要材料消耗量、机械台班消耗，即可得到该单位工程的人、材、机费和工料机总消耗量。如果规定有地区价差调整指标，计算人、材、机费时，按规定的调整系数或其他调整方法进行调整计算。

（5）计算施工措施费。措施费用内容包括冬雨季施工增加费、夜间施工增加费、施工工具用具使用费、特殊工程技术培训费、大型施工机械安拆费与轨道铺拆费、特殊地区施工增加费、临时设施费、施工机构迁移费和安全文明费。按相应的取费基数 × 费率计算各项费用。

（6）计算间接费，包括企业管理费、规费和施工单位配合调试费。计算公式如下（暂按人工费为计算基础）：

企业管理费 = 定额人工费 × 企业管理费费率

规费 = 定额人工费 ×1.6×（社会保险费 + 住房公积金费率 + 危险作业意外伤害保险）

施工单位配合调试费 = 直接费 × 施工单位配合调试费率

社会保险费、住房公积金费用是按工程所在省、自治区、直辖市社会保障机构公布的费率执行。

（7）计算利润 =（直接费 + 间接费）× 利润率。

（8）按电力行业定额（造价）管理部门规定计算编制基准期价差。

（9）计算税金 =（直接费 + 间接费 + 利润 + 编制基准期价差）× 综合税率。

（10）计算单位工程概算造价 = 直接费 + 间接费 + 利润 + 编制基准期价差 + 税金。

（11）编写概算编制说明，其内容包括：

1）工程概况。简述建设项目性质、特点、生产规模、建设周期、建设地点、主要工程量、工艺设备等情况。引进项目要说明引进内容以及与国内配套工程等主要情况。

2）编制依据。包括国家和有关部门的规定、设计文件、现行概算定额或概算指标、设备材料的预算价格和费用指标等。

3）编制方法。说明设计概算是采用概算定额法，还是采用概算指标法或其他方法。

4）主要设备、材料的数量。

5）主要技术经济指标。主要包括项目概算总投资（由引进地给出所需外汇额度）及主要分项投资、主要技术经济指标（主要单位投资指标）等。

6）工程费用计算表。主要包括建筑工程费用计算表、工艺安装工程费用计算表、配套工程费用计算表、其他涉及工程的工程费用计算表。

7）引进设备材料有关费率取定及依据。主要是关于国外运输费、国外运输保险费、关税、增值税、国内运杂费、其他有关税费等。

8）引进设备材料从属费用计算表。

9）其他必要的说明。

第四节　施工图预算

一、一般规定

（1）施工图预算是工程实施过程中的重要文件，由设计单位负责编制时，也可作为施工图设计文件的组成部分。施工图预算是项目法人控制投资、拨付阶段性工程款和单项工程结算的重要依据。施工图预算应控制在已批准的初步设计概算投资范围内。

（2）编制施工图预算时，有关各方应提供的资料。

1）项目法人应提供的资料：①提供工程预算编制原则。②提供设备、主要材料订货、到货价格资料。③提供委托外部设计、施工项目及自营项目的工程预算。④提供建设项目发生的其他费用相关资料，如合同及协议文件等。⑤提供需要的设计图纸或工程量资料，扩大供货范围相应的图纸及工程量资料。

2）承包单位应提供的资料：①提供由项目法人委托的由承包方购买的设备、主要材料的合同价格或到货价。②提供经项目法人批准的特殊施工措施方案及费用。③提供编制工程预算所需要的承包方其他有关资料，如工程量、合同等。

（3）施工图预算的编制范围以合同约定范围为准，一般应包括建筑工程费、安装工程费、设备购置费和其他费用。工程预算应按最终版施工图编制，经批准的重大设计变更及重新出图的一般设计变更也应编入工程预算中。

（4）工程量计算规则应以定额规定的工程计算规则为准，以施工图纸为依据计算。计算装置性材料用量时应考虑损耗量。

（5）引进单项设备，应根据合同分别计算国外段运杂费、保险费、关税及进口相关费用后，按照国内设备价格计算国内段运杂费等费用。

（6）设备价格依次按合同价格、市场信息价格、编制期限额设计参考造价指标中的价格、编制期同类设备的合同价格编制。

（7）安装工程装置性材料价格按照电力行业定额管理机构颁发的规定计算，并按照合同价格、市场信息价格、编制期同类材料的合同价格计算材料价差。

（8）建筑工程材料价格按照定额规定的原则计算，并按照电力行业定额管理机构颁发的调整规定及项目所在定额（造价）管理部门发布的价格信息计算材料价差。

二、施工图预算的作用

施工图预算作为建设工程建设程序中一个重要的技术经济文件，在工程建设实施过程中具有十分重要的作用，归纳如下：

1. 施工图预算对投资方的作用

（1）施工图预算是设计阶段控制工程造价的重要环节，是控制施工图设计不突破设计概算的重要措施。

（2）施工图预算是控制造价及资金合理使用的依据。施工图预算确定的预算造价是工程的计划成本，投资方按施工图预算造价筹集建设资金，合理安排建设资金计划，确保建设资金的有效使用，保证项目建设顺利进行。

（3）施工图预算是确定工程招标控制价的依据。在设置招标控制价的情况下，建筑安装工程的招标控制价可按照施工图预算来确定。招标控制价通常是在施工图预算的基础上考虑工程的特殊施工措施、工程质量要求、目标工期、招标工程范围以及自然条件等因素进行编制的。

（4）施工图预算可以作为确定合同价款、拨付工程进度款及办理工程结算的基础。

2. 施工图预算对施工企业的作用

（1）施工图预算是建筑施工企业投标报价的基础。在激烈的建筑市场竞争中，建筑施工企业需要根据施工图预算，结合企业的投标策略，确定投标报价。

（2）施工图预算是建筑工程预算包干的依据和签订施工合同的主要内容。在采用总价合同的情况下，施工单位通过与建设单位协商，可在施工图预算的基础上，考虑设计或施工变更后可能发生的费用与其他风险因素，增加一定系数作为工程造价一次性包干价。同样，施工单位与建设单位签订施工合同时，其中工程价款的相关条款也必须以施工图预算为依据。

（3）施工图预算是施工企业安排调配施工力量、组织材料供应的依据。施工企业在施工前，可以根据施工图预算的工、料、机分析，编制资源计划，组织材料、机具、设备和劳动力供应，并编制进度计划，统计完成的工作量，进行经济核算并考核经营成果。

（4）施工图预算是施工企业控制工程成本的依据。根据施工图预算确定的中标价格是施工企业收取工程款的依据，企业只有合理利用各项资源，采取先进技术和管理方法，将成本控制在施工图预算价格以内，才能获得良好的经济效益。

（5）施工图预算是进行"两算"对比的依据。施工企业可以通过施工图预算和施工预算的对比分析，找出差距，采取必要的措施。

3. 施工图预算对其他方面的作用

（1）对于工程咨询单位而言，尽可能客观、准确地为委托方做出施工图预算，不仅体现出其水平、素质和信誉，而且强化了投资方对工程造价的控制，有利于节省投资，提高建设项目的投资效益。

（2）对于工程项目管理、监督等中介服务企业而言，客观准确的施工图预算是为业主方提供投资控制的依据。

（3）对于工程造价管理部门而言，施工图预算是其监督、检查执行定额标准、合理确定工程造价、测算造价指数以及审定工程招标控制价的重要依据。

（4）如在履行合同的过程中发生经济纠纷，施工图预算还是有关仲裁、管理、司法机关按照法律程序处理、解决问题的依据。

三、施工图预算编制内容

1. 施工图文件组成

预算由单项工程综合预算汇总而成，单项工程综合预算由组成本单项工程的各单位工程预算汇总而成，单位工程预算包括建筑工程预算和设备及安装工程预算。

施工图预算根据建设项目实际情况可采用三级预算编制或二级预算编制形式。当建设项目有多个单项工程时，应采用三级预算编制形式，三级预算编制形式由建设项目总预算、单项工程综合预算、单位工程预算组成。当建设项目只有一个单项工程时，应采用二级预算编制形式，二级预算编制形式由建设项目总预算和单位工程预算组成。

采用三级预算编制形式的工程预算文件包括：封面、签署页及目录、编制说明、总预算表、综合预算表、单位工程预算表、附件等内容。采用二级预算编制形式的工程预算文件包括：封面、签署页及目录、编制说明、总预算表、单位工程预算表、附件等内容。

2. 施工图预算的内容

按照预算文件的不同，施工图预算的内容有所不同。建设项目总预算是反映施工图设计阶段建设项目投资总额的造价文件，是施工图预算文件的主要组成部分。由组成该建设项目的各个单项工程综合预算和相关费用组成。具体包括：建筑安装工程费、设备及工器具购置费、工程建设其他费用、预备费、建设期利息及铺底流动资金。施工图总预算应控制在已批准的设计总概算投资范围以内。

单项工程综合预算是反映施工图设计阶段一个单项工程（设计单元）造价的文件，是总预算的组成部分，由构成该单项工程的各个单位工程施工图预算组成。其编制的费用项目是各单项工程的建筑安装工程费、设备及工器具购置费和工程建设其他费用总和。

单位工程预算是依据单位工程施工图设计文件、现行预算定额以及人工、材料和施工机械台班价格等，按照规定的计价方法编制的工程造价文件。包括单位建筑工程预算和安装工程预算。单位建筑工程预算是建筑工程各专业单位工程施工图预算的总称，按其工程性质分为一般土建工程预算，给排水工程预算，采暖通风工程预算，煤气工程预算，电气照明工程预算，弱电工程预算，特殊构筑物如烟囱、水塔等工程预算以及工业管道工程预算等。安装工程预算是安装工程各专业单位工程预算的总称，安装工程预算按其工程性质分为机械设备安装工程预算、电气设备安装工程预算、工业管道工程预算和热力设备安装工程预算等。

四、施工图预算的编制

1. 施工图预算的编制依据

（1）国家、行业和地方政府有关工程建设和造价管理的法律、法规和规定。

（2）经过批准和会审的施工图设计文件，包括设计说明书、标准图、图纸会审纪要、设计变更通知单及经建设主管部门批准的设计概算文件。

（3）施工现场勘察地质、水文、地貌、交通、环境及标高测量资料等。

（4）预算定额（或单位估价表）、地区材料市场与预算价格等相关信息以及颁布的材料预算价格、工程造价信息、材料调价通知、取费调整通知等；工程量清单计价规范。

（5）当采用新结构、新材料、新工艺、新设备而定额缺项时，按规定编制的补充预算定额，也是编制施工图预算的依据。

（6）合理的施工组织设计和施工方案等文件。

（7）工程量清单、招标文件、工程合同或协议书。它明确了施工单位承包的工程范围，应承担的责任、权利和义务。

（8）项目有关的设备、材料供应合同、价格及相关说明书。

（9）项目的技术复杂程度，以及新技术、专利使用情况等。

（10）项目所在地区有关的气候、水文、地质地貌等的自然条件。

（11）项目所在地区有关的经济、人文等社会条件。

（12）预算工作手册、常用的各种数据、计算公式、材料换算表、常用标准图集及各种必备的工具书。

2. 施工图预算的编制原则

（1）严格执行国家的建设方针和经济政策的原则。施工图预算要严格按照党和国家的方针、政策办事，坚决执行勤俭节约的方针，严格执行规定的设计和建设标准。

（2）完整、准确地反映设计内容的原则。编制施工图预算时，要认真了解设计意图，根据设计文件、图纸准确计算工程量，避免重复和漏算。

（3）坚持结合拟建工程的实际，反映工程所在地当时价格水平的原则。编制施工图预算时，要求实事求是地对工程所在地的建设条件、可能影响造价的各种因素进行认真的调查研究。在此基础上，正确使用定额、费率和价格等各项编制依据，按照现行工程造价的构成，根据有关部门发布的价格信息及价格调整指数，考虑建设期的价格变化因素，使施工图概算尽可能地反映设计内容、施工条件和实际价格。

3. 施工图预算的编制内容

（1）准备工作。准备工作阶段应主要完成以下工作内容：

1）收集编制施工图预算的编制依据。其中主要包括现行建筑安装定额、取费标准、工程量计算规则、地区材料预算价格以及市场材料价格等各种资料。

2）熟悉施工图等基础资料。熟悉施工图纸、有关的通用标准图、图纸会审记录、设计变更通知等资料，并检查施工图纸是否安全、尺寸是否清楚，了解设计意图，掌握工程全貌。

3）了解施工组织设计和施工现场情况。全面分析各分部分项工程，充分了解施工组织设计和施工方案，如工程进度、施工方法、人员使用、材料消耗、施工机械、技术措施等内容，注意影响费用的关键因素；核实施工现场情况，包括工程所在地地质、地形、地貌等情况、工程实地情况、当地气象资料、当地材料供应地点及运距等情况；了解工程布置、地形条件、施工条件、料场开采条件、场内外交通运输条件等。

（2）列项并计算工程量。工程量计算一般按下列步骤进行：首先将单位工程划分为若干分项工程，划分的项目必须和定额规定的项目一致，这样才能正确地套用定额。不能重复列项计算，也不能漏项少算。工程量应严格按照图纸尺寸和现行定额规定的工程量计算规则进行计算，分项子目的工程量应遵循一定的顺序逐项计算，避免漏算和重算。

1）根据工程内容和定额项目，列出需计算工程量的分部分项工程。

2）根据一定的计算顺序和计算规则，列出分部分项工程量的计算式。

3）根据施工图纸上的设计尺寸及有关数据，代入计算式进行数值计算。

4）对计算结果的计量单位进行调整，使之与定额中相应的分部分项工程的计量单位保持一致。

（3）套用定额预算单价，计算人、材、机费。核对工程量计算结果后，将定额子项中的基价填于预算表单价栏内，并将单价乘以工程量得出合价，将结果填入合价栏，汇总求出单位工程人、材、机费。计算人、材、机费时需要注意：

1）分项工程的名称、规格、计量单位与预算单价或单位估价表中所列内容完全一致时，可以直接套用预算单价。

2）分项工程的主要材料品种与预算单价或单位估价表中规定材料不一致时，不可以直接套用预算单价，需要按实际使用材料价格换算预算单价。

3）分项工程施工工艺条件与预算单价或单位估价表不一致而造成人工、机械的数量增减时，一般调量不调价。

（4）编制工料分析表。工料分析是按照各分项工程，依据定额或单位估价表，首先从定额项目表中分别将各分项工程消耗的每项材料和人工的定额消耗量查出；再分别乘以该工程项目的工程量，得到分项工程工料消耗量，最后将各分项工程工料消耗量加以汇总，得出单位工程人工、材料的消耗数量。

（5）计算主材费并调整人、材、机费。许多定额项目基价为不完全价格，即未包括主材费用在内，因此还应单独计算出主材费。计算完成后将主材费的价差加入人、材、机费。主材费计算的依据是当时当地的市场价格。

（6）按计价程序计取其他费用，并汇总造价。根据规定的税率、费率和相应的计取基础，分别计算企业管理费、利润、规费和税金。将上述费用累计后与人、材、机费进行汇总，求出单位工程预算造价。与此同时，计算工程的技术经济指标，如单方造价。

（7）复核。对项目填列、工程量计算公式、计算结果、套用单价、取费费率、数字计算结果、数据精确度等进行全面复核，及时发现差错并修改，以保证预算的准确性。

（8）填写封面、编制说明。封面应写明工程编号、工程名称、预算总造价和单方造价等，将封面、编制说明、预算费用汇总表、材料汇总表、工程预算分析表，按顺序编排并装订成册，便完成了单位施工图预算的编制工作。

第五节　施工预算

施工预算由施工单位编制，施工单位根据施工图纸、施工定额、电力建设施工技术规范、电力建设施工质量验收规程、标准图集、施工组织设计（或施工方案）编制的单位工程（或分部分项工程）预算。

一、编制依据

（1）国家、行业和地方政府有关工程建设和造价管理的法律、法规和规定。

（2）经过批准和会审的施工图设计文件，包括设计说明书、标准图、图纸会审纪要、设计变更通知单及经建设主管部门批准的设计概算文件。

（3）施工现场勘察地质、水文、地貌、交通、环境及标高测量资料等。

（4）预算定额（或单位估价表）、地区材料市场与预算价格等相关信息以及颁布的材料预算价格、工程造价信息、材料调价通知、取费调整通知等；工程量清单计价规范。

（5）当采用新结构、新材料、新工艺、新设备而定额缺项时，按规定编制的补充预算定额，也是编制施工图预算的依据。

（6）合理的施工组织设计和施工方案等文件。

（7）工程量清单、招标文件、工程合同或协议书。它明确了施工单位承包的工程范围，应承担的责任、权利和义务。

（8）项目有关的设备、材料供应合同、价格及相关说明书。

（9）项目的技术复杂程度，以及新技术、专利使用情况等。

（10）项目所在地区有关的气候、水文、地质地貌等的自然条件。

（11）项目所在地区有关的经济、人文等社会条件。

（12）预算工作手册、常用的各种数据、计算公式、材料换算表、常用标准图集及各种必备的工具书。

二、编制原则

（1）严格执行国家的建设方针和经济政策的原则。施工图预算要严格按照党和国家的方针、政策办事，坚决执行勤俭节约的方针，严格执行规定的设计和建设标准。

（2）完整、准确地反映设计内容的原则。编制施工图预算时，要认真了解设计意图，根据设计文件、图纸准确计算工程量，避免重复和漏算。

（3）坚持结合拟建工程的实际，反映工程所在地当时价格水平的原则。编制施工图预算时，要求实事求是地对工程所在地的建设条件、可能影响造价的各种因素进行认真的调查研究。在此基础上，正确使用定额、费率和价格等各项编制依据，按照现行工程造价的构成，根据有关部门发布的价格信息及价格调整指数，考虑建设期的价格变化因素，使施工图概算尽可能地反映设计内容、施工条件和实际价格。

（4）施工预算应根据实际工程具体情况，分专业、按系统、分层、分段、分编制。分部要合理，列项要有序。

（5）施工预算的项目应齐全，不在编制范围内的施工项目应在编制说明中列明，对于编制过程中所依据的定额、预规以及费率应详见说明。

（6）为便于执行期间的管理与应用，施工预算应使用概预算软件进行编制。

（7）加强施工预算定额的完善工作，逐步实行统一材料库、统一市场价、统一材料耗用量，形成企业统一的施工预算编制体系，形成企业自己的内部施工预算定额。为快速、准确、实际地编制工程预算提供有力工具。

三、施工预算的内容

（1）分层、分部位、分项工程的工程量指标。

（2）分层、分部位、分项工程所需人工、材料、机械台班消耗量指标。

（3）按人工工种、材料种类、机械类型分别计算的消耗总量。

（4）按人工、材料和机械台班的消耗总量分别计算的人工费、材料费和机械台班费，以及按分项工程和单位工程计算的直接费。

编制施工预算的目的是按计划控制企业劳动和物资消耗量。它依据施工图、施工组织设计和施工定额，采用实物法编制。施工预算和建筑安装工程预算之间的差额，反映企业个别劳动量与社会平均劳动量之间的差别，体现降低工程成本计划的要求。

施工部门为了加强施工管理，在施工图预算的控制之下，计算建筑安装工程所需要消耗的人工、材料、施工机械的数量限额，并直接用于施工生产的技术性文件。施工预算是根据施工图的工程量、施工组织设计或施工方案以及施工定额而编制，包括：

（1）按施工定额和施工组织设计口径的分部分项、分层分段的工程量。

（2）材料的明细用量。

（3）分工种的用工数量。

（4）机械的种类和需用台班数量。

（5）混凝土、钢木构件及制品的加工订货数量。

四、施工预算的编制

1. 编制方法

编制施工预算的方法主要有实物法、实物金额法和单位估价法三种。

（1）实物法。根据施工图纸和施工定额，结合施工组织设计或施工方案所确定的施工技术措施，计算出工程量后，套用施工定额，分析汇总人工、材料数量，但不进行计价，通过实物消耗数量来反映其经济效果。

（2）实物金额法。通过实物数量来计算人工费、材料费和直接费的一种方法。是根据实物法算出的人工和各种材料的消耗量，分别乘以所在地区的工资标准和材料单价，求出人工费、材料费和直接费，以各项费用的多少来反映其经济效果。

（3）单位估价法。根据施工图和施工定额的有关规定，结合施工技术措施，列出工程项目，计算工程量，套用施工定额单价，逐项计算后汇总直接费，并分析汇总人工和主要材料消耗量，同时列出明细表，最后汇编成册。

三种编制方法的主要区别在于计价方法的不同。实物法只计算实物消耗量，运用这些实物消耗量可向施工班组签发施工任务单和限额领料单；实物金额法是先分析、汇总人工和材料实物消耗量，再进行计价；单位估价法则是按分项工程分析进行计价。

以上各种方法的机械台班和机械费，均按照施工组织设计或施工方案要求，根据实际进场的机械数量计算。

2. 编制步骤

（1）掌握工程项目现场，收集有关资料。编制施工预算之前，首先应掌握工程项目所在地的现场情况，了解施工现场的环境、地质、施工平面布置等有关情况，尤其是对那些关系到施工进程能否顺利进行的外界条件应有全面的了解。然后按前面所述的编制依据，将有关原始资料收集齐全，熟悉施工图纸和会审记录，熟悉施工组织设计或施工方案，了解所采取的施工方法和施工技术措施，熟悉施工定额和工程量计算规则，了解定额的项目划分、工作内容、计量单位、有关附注说明以及施工定额与预算定额的异同点。了解和掌握上述内容，是编制好施工预算的必备前提条件，也是在编制前必须要做好的基本准备工作。

（2）列出工程项目并计算其工程量。列项与计算工程量，是施工预算编制工作中最基本的一项工作。其所费时间最长，工作量最大，技术要求也较高，是一项十分细致而又复杂的工作。

施工预算的工程项目，是根据已会审的施工图纸和施工方案规定的施工方法，按施工定额项目划分和项目顺序排列的。有时为了签发施工任务单和适应"两算"对比分析的需要，也按照工程项目的施工程序或流水施工的分层、分段和施工图预算的项目顺序进行排列。

工程项目工程量的计算是在复核施工图预算工程量的基础上，按施工预算要求列出的。除了新增项目需要补充计算工程量外，其他可直接利用施工图预算的工程量而不必再算，但要根据施工组织设计或施工方案的要求，按分部、分层、分段进行划分。工程量的项目内容和计量单位，一定要与施工定额相一致，否则就无法套用定额。

（3）查套施工定额。工程量计算完毕，经过汇总整理、列出工程项目，将这些工程项目名称、计量单位及工程数量逐项填入"施工预算工料分析表"后，即可查套定额，将查到的定额编号与工料消耗指标，分别填入"施工预算工料分析表"的相应栏目里。

套用施工定额项目时，其定额工作内容必须与施工图纸的构造、做法相符合，所列分项工程名称、内容和计量单位必须与所套定额项目的工作内容和计量单位完全一致。如果工程内容和定额内容不完全一致，而定额规定允许换算或可系数调整时，则应对定额进行换算后才可套用。对施工定额中的缺项，可借套其他类似定额或编制补充定额。编制的补充定额，应经权威部门批准后方可执行。

填写计量单位与工程数量时，注意采用定额单位及与之相对应的工程数量，这样就可以直接套用定额中的工、料消耗指标，而不必改动定额消耗指标的小数点位置，以免发生差错。填写工、料消耗指标时，人工部分应区别不同工种，材料部分应区别不同品种、规格和计量单位，分别进行填写。上述做法的目的是便于按不同的工种和不同的材料品种、规格分别进行汇总。

（4）工料分析。按上述要求将"施工预算工料分析表"上的分部分项工程名称、定额单位、工程数量、定额编号、工料消耗指标等项目填写完毕后，即可进行工料分析，方法同施工图预算。

（5）工料汇总。按分部工程分别将工料分析的结果进行汇总，最后再按单位工程进行汇总，并以此为依据编制单位工程工料计划，计算直接费和进行"两算"对比。

（6）计算直接费和其他费用。根据上述汇总的工料数量与现行的工资标准、材料预算价格和机械台班单价，分别计算人工费、材料费和机械费，三者相加即为本分部工程或单位工程的施工预算直接费。最后再根据本地区或本企业的规定计算其他有关费用。

（7）编写编制说明。施工预算书的编制与整理应当在上述工作全部完成后，需要将其整理成完整的施工预算书，作为施工企业进行成本管理、人员管理、机械设备管理及工程质量管理与控制的一份经济性文件。

第五章 电力工程项目划分与工程量计算

第一节 热机专业

一、项目划分

1. 项目划分办法使用说明

热机部分的项目划分是根据火力发电厂生产组织管理的特点，以设计为主，适当考虑到计划、统计、财务、施工管理等工作的需要而划分，它基本上与设计专业和施工图的分卷分册划分相适应。

热机部分项目划分一般采用三级。

扩大单位工程（第一级）是按独立生产系统进行划分的，如热力系统中的锅炉机组、汽轮机机组、汽水管道、保温油漆等。

单位工程（第二级）是指具有单独设计项目，可以独立施工，并能单独发挥效用的，如锅炉本体、汽轮发电机本体等。

分部工程（第三级）是按工程部位，设备种类划分的，如冷风道、热风道等。

各系统的扩大单位工程分别由不同的单位工程所组成，各单位工程由各自不同的分部工程组成。

2. 发电工程各专业间的分界

原则上与设计专业的划分相一致，即机务部分、电气部分、建筑部分。机务部分包括热机、输煤、除灰、化学水处理（包括废水化学处理）、水工工艺安装专业。预算费用按性质分为建筑工程费、设备购置费、安装工程费及其他费用四大类。

（1）机务专业与电气、建筑专业之间的界线。界线划分应以设计专业和施工图卷册的统一划分为依据，并按专业性质与项目内容所属的施工范围来划分。为此，编制预算时，应按上级统一规定的专业界线范围进行。

1）发电机（包括主励磁机）、电除尘器本体设备、脱硫脱硝本体设备及安装列入机务热力系统，其中电气性的工作及电除尘器、脱硫脱硝的电源装置列入电气系统。

2）采暖锅炉、生活消防水泵房、污水泵房以及厂内外消防设施等设备及管道安装应列入建筑工程项目。

3）主厂房用电梯设备及安装分别列入机务、电气专业；办公楼及其他民用建筑的电梯设备及安装列入建筑工程。

4）混凝土的箱、罐、槽、池及相应的平台、梯子、支架等金属结构均列入建筑工程，其内部管件、油罐内部加热装置及装设的表计，均列入机务设备安装工程。

5）化学水的混凝土沟、槽、箱、罐及内部涂玻璃钢或环氧树脂等防腐设施均列入建筑工程。化学水系统管道内壁衬胶、涂环氧树脂漆等内衬防腐列入机务安装工程。

6）厂区供热管道，按设计专业出图为准，机务专业出图列入机务部分安装工程，暖通出图则列入建筑工程。

7）供水、除灰系统的工程项目，视不同情况分别划入机务安装工程或建筑工程，供水系统范围的设备，转动机械、滤网、拦污栅、设备平台支架，取水枢纽钢闸门、启闭机、冷却塔外的进出水管、喷水池的配水管网、喷嘴、阀门支架等均属工艺范围，划入机务供水系统部分；循环水系统、补给水系统、厂区及厂外除灰系统（包括灰水回收系统）的工艺部分，即各种钢管、内衬、铸石管等也列入机务安装工程。

拦河坝的水闸、泵房内起重机械、清污机及旋转滤网等工艺设施的预埋钢轨、冷却塔内部的上水管、配水管、淋水装置、吸水装置、除水器等，水工结构预应力钢筋混凝土管、钢筋混凝土补给水管及管道内外的防腐设施以及上述供水、除灰钢管管道的土方、垫层、支墩、河道、涵洞（管）、顶管措施等均列入建筑工程。

8）露天钢制油库及油库的油管道列入机务安装工程。如油库为钢筋混凝土的，则列入建筑工程，但钢筋混凝土油库内部管件、加热装置、油库区的管道、表计均列入机务设备安装工程。

9）设备的基础框架及地脚螺栓、除随设备供应的属设备外，其他按设计图纸划分。建筑专业设计的划入建筑部分，机务专业设计的划入机务部分。设备的二次灌浆划入建筑部分。

（2）对设备材料（指列入设备购置费用栏或安装工程费用栏）项目及费用性质的划分。

1）在划分设备及材料时，对同一品名的物资不宜硬性确定为设备或材料，而应根据其供应或使用情况分别确定。对由设备本体供应或为设备本体的一个部件，可视为设备的一部分，否则应视为材料。例如，管道及阀门在一般情况下属于材料，但随设备本体供应的管道有阀门则属于该设备的一部分。

2）凡属设备的一个组成部分或组合件，无论由什么材料制成，或由哪个制造厂供应，即使是在现场加工配制的，均视为设备。例如：热力系统的工业水箱和疏水箱、油冷却系统的油箱、酸碱储存罐、水处理系统的水箱、油处理系统的油箱均属于设备。

3）凡属各生产工艺系统的成套设备范围中的各项设备，不论是由制造厂成套供应，或由其他厂配套供应，或由现场加工配制，均视为设备。

4）某些设备难以统一确定其组成范围或成套范围的，应以各制造厂文件及其供货范围为准。凡制造厂的文件列出，且实际供应视为设备。

5）对于设备扩大供应范围内的，应按照常规的成套供货方式和设计专业划分。例如：如某些水泵的进出口阀门，有时制造厂虽也供应，但因不在本体范围内，且不计入水泵本体出厂价格内，应视为材料。

6）进口设备项目，应根据本工程的设计规定，按照其设备设计供货范围界定。

7）设备中的填充物品，无论其是否随设备供应，都是设备的一部分，列入设备费内。如汽轮发电机组冷却用汽轮机油。变压器、断路器用的变压器油，大型转运机械冷却系统用的机械油、润滑系统的润滑油，化学水处理箱、罐内的各种填料，蓄电池组用的硫酸。钢球磨第一次装入的钢球及润滑油，转运机械的电动机，化学水处理系统用箱、罐的防腐内衬等，均属于设备。

8）自动阀门的动力装置随阀门主体划分，阀门属于材料的，其动力装置属于材料，阀门属于设备的，其动力装置属于设备；阀门传动装置（包括远方操作装置），不分传动方式（手动或者电动），一律随阀门走，按设计专业列入安装工程费内。随设备本体供应的阀门，需要在现场增加远方操作装置的，应视为材料，列入安装工程费内。

9）循环水系统的旋转滤网、启闭机械视为设备，列入设备费内；钢板闸门、拦污栅、拦污网属于材料，列入安装工程费用内。

（3）热力系统中的烟风煤管道及主厂房汽水管道。

1）烟风煤管道各分部工程的划分界限及具体范围。

冷风道。从送风机入口（混凝土或砖结构的风道应列入建筑工程）及送风机出口，到空气预热器入口。

热风道（包括一、二次风道）。从空气预热器出口（包括温风管道）分别到磨煤机入口及炉膛，并包括从炉膛中抽取烟气的管道。

烟道（包括炉烟再循环管道）。从空气预热器的出口到烟囱入口（混凝土或砖砌烟道列入建筑工程）。并包括高温炉烟道及内衬材料（双曲线）。

原煤管道。由原煤斗出口到磨煤机入口，并包括金属煤斗。

制粉管道。从磨煤机出口，直到煤粉仓和排粉机入口的全部煤粉空气管道，并包括中间贮仓制粉系统中粗粉分离器的回粉管道以及螺旋输粉机、煤粉仓的吸潮管、消防管及煤粉取样管道。

送粉管道。从煤粉仓出口及排粉机出口，到主火嘴及三次风口，并包括弯管及防磨内衬。

除上述工艺管道外，还有制粉系统消防及煤粉清仓管道。上述管道均包括管道、门、孔、伸缩节、传动装置、支吊架、螺栓以及维护平台等。

2）主厂房汽水管道划分界限及具体范围。

主蒸汽管道。从锅炉过热器出口到汽轮机主汽门的全部蒸汽管道。包括连接主蒸汽管道系统上的减温减压器一侧的蒸汽管、汽动给水泵用蒸汽管主汽管疏水、锅炉出口的安全阀及其排汽管道等。

再热蒸汽管道。包括再热蒸汽热段和再热蒸汽冷段管道。

旁路系统管道。包括一级旁路、二级旁路和三级旁路。

主给水管道。从给水泵出口经高压加热器到锅炉给水阀的全部高压给水管道、母管及高压管道系统的疏排水、防水管道。

锅炉排污管道。来自锅炉连续排污和定期排污至排污扩容器的全部管道。

低压给水管道。由除氧器给水箱至给水泵进口及母管的全部管道，包括疏、排水管道。

凝结水管道。包括从凝汽器热水井出口经凝结水泵，抽气器、低压加热器。直到除氧器入口的全部管路。

循环水及冷却水管道。从主厂房墙外1m为界起至主厂房内循环水泵吸水口，再由循环水泵至凝汽器的冷却水，发电机空气冷却器及油冷却器的冷却水管道。

工业水管道。包括从厂区工业水管道或水源管道至工业水泵、工业水箱以及主厂房内各种转动机械的冷却水管道。

二、工程量计算

1. 工程量含义

热力设备安装预算工程量是指被安装的对象，按规定要求计算的数量。这个数量是按项目划分与定额的单位内容要求，分别计算逐项列示的，如设备的型号、规范、出力、数量，以台为单位计算；管道的直径、壁厚、压力、材质数量均以 m 为单位计算；阀门的型号、规格、压力数量均以个为单位计算；保温、炉墙的数量以 m^3 为单位计算；金属结构制作安装以 t 为单位计算。将以上计算的数量，按单位工程所属的分部工程归类合计，就是此分部工程预算的工程量。各个分部工程量按单位工程归类合计，就是单位工程预算的工程量。

管道、保温、炉墙砌筑、烟风煤管道、金属结构（包括平台扶梯、支架、基础框架等）的工程量计算，包括安装工程量与装置性材料量（也称主材或未计价材料）两部分。安装工程量不包括材料损耗量，装置性材料量应按定额规定计列材料损耗费用。金属结构应分别计算制作量与安装量。上述各项的安装工程量与装置性材料量，均应按定额单位的内容与规定的单位要求，逐项分别表示。

2. 工程量计算基本要求

（1）看懂专业设计图，了解设计图中每个符号代表的意思以及平断面图、各条管线走向的相互关系。

（2）根据施工设计图，按项目划分与定额内容要求计算工程量。

（3）了解设计分工专业的界限与预算费用划分的关系。

（4）熟悉设备型号、功能、结构与设备成套供货范围。

（5）项目划分、定额工作内容、设备材料划分及机电炉土专业预算划分的相互关系。

（6）了解施工的一般知识。

（7）专业预算与总预算的关系。

（8）设备工程量先计算主机后计算辅助设备及其他设备，先计算主要生产系统后计算辅助系统。

（9）管道安装工程量按介质流向，由始点一直算到终点，先主管后支管。

（10）炉前砌筑工程量计算：先里后外，先下后上，先燃烧室、转向室、烟道、省煤器、炉顶等部位，后算零星部位（如门、孔、穿墙处填料）。

（11）保温工程量先设备后管道，先主保温层后抹面。

（12）熟悉面积、容积、长度、压力、温度、材料密度等单位的换算。

3. 工程量计算

（1）工程量的计算依据是施工图设计及其说明规定采用的标准图集和通用图集，经批准的施工组织设计和施工方案、有关施工及验收的技术规范、规程。

（2）工程量的计算以施工图设计规定的分界线为准，其计算内容要与预算定额的项目划分、工作内容和适用范围相一致。

（3）工程量的计量单位应与预算定额项目的计量单位相一致。

（4）除定额另有规定外，工程量不得包括材料损耗用量。

（5）工程量计算凡涉及材料的容量、密度、比热换算的，均应以国家标准为准，如没有规定时，应以出厂合格证明或产品说明书为准。

（6）计算工程量时，除本册定额另有规定外，执行哪一册定额则相应执行同一册的工程量计算规则，不得相互串用。

第二节　电气专业

一、项目划分

1. 项目划分的界限与规定

电气部分项目划分一般为三级项目编号。按专业的性质和习惯，具体划分的界限是：

（1）发电机、调相机（包括励磁机）、电除尘器、电动机的设备及其安装划入机务专业，但直流发电机组的设备安装和接线应划入电气专业。除此，发电机、调相机、电动机等设备检查和接线、干燥和电气调整、电除尘器和脱硫脱硝设备等的电源装置划入电气专业。

（2）建筑照明物（包括照明配电箱）划入建筑专业。属设备及构筑物本身所需的照明（烟囱、水塔照明除外）、厂区照明、电除尘照明、脱硫脱硝设备照明、机、炉本体照明、属于外配电装置照明等划入电气专业。如果随设备同时由厂方供应者，划入设备内，不再另分。

（3）屋内配电装置、发电机引出线间的金属结构、金属支架、网门等划入电气专业。建筑物所需的网门、防爆门、屋外配电装置的金属结构构架、钢筋混凝土构架、避雷针塔、支架、栏栅、网门等划入建筑专业。但电气专业设计的接地引线、接地电极划入电气专业。

（4）设备的基础框架及地脚螺栓，除随设备供应者属于设备外，其他一律以专业出图为准，即建筑专业出图时划入建筑专业，机务或电气出图，分别划入机务或电气专业。

（5）随设备本体供应或已包括在本体价格内的设备、备品、备件及专用工具，列入该设备所属项目的设备费内。

（6）工程中的电气设备或电气装置的拆除应列入电气专业，建设场地上妨碍施工的电气设施拆除应列入其他部分；工程中的改装过渡措施列入电气专业。

2. 对设备材料额项目其费用性质的划分

（1）成套供应的牺牲阳极装置及其备（辅）属于设备。

（2）配电系统的断路器、电抗器、电流互感器、电压互感器、隔离开关属于设备，封闭母线、共箱母线、管形母线、软母线、绝缘子、金具等属于材料。

（3）热工控制检测仪表、显示仪表、过程控制仪表、变送器、执行器、计算机、配电箱等属于设备，钢管、合金管、线缆、仪表加工件及配件（钢制卡式管接头、压垫式管接头、承插焊管接头等）、仪表阀门（针形阀、三阀组、五阀组件）、电磁阀、汇线桥架、电缆、补偿导线、接线盒等属于材料。

二、工程量计算

1. 工程量计算基本要求

（1）工程量计算依据，应是施工图设计及其说明规定采用的标准图集和通用图集；经批准的施工组织设计和施工方案；有关施工技术规范等。

（2）工程量的计算应以施工图设计规定的分界限为准，其计算内容与预算定额的章、节、项目划分、工作内容和适用范围相一致。

（3）工程量计量单位应同定额的计量单位一致。

（4）除定额另有规定者外，工程量计算不得包括主材安装的损耗用量；计算主材费（未计价材料）时，另按规定的损耗率计入。

（5）工程量计算凡涉及材料的容积、比重、容重、比热换算的，均应按国家标准为准；如未作规定可按厂家合格证书或产品说明书为参考。

2. 工程量计算方法要点

根据电气设备安装工程设计图纸特点，每册图纸中大多列有设备材料明细表，因此，出现按施工图设备材料明细表上的名称、规格、数量等抄录下来，作为预算工程量。这种简单做法往往与图纸内容要求有不相符合或项目不齐全，以及设计人员漏算或重算，必然导致预算质量的不正确。

所以，工程量计算应由预算专业人员按照施工图设计与相关图纸，逐项按程序规定计算。如二次线的布置图等以及图纸上的设备及材料编号、所注尺寸、再与设备材料表上的名称、规格对照计算工程量。

（1）设备。

属于设备安装的工程量计算，均以"台、套、组"计列数量。

属于支架、构架工程量计算，均以施工详图构造类型分别型钢尺寸计算质量以"t"为单位与选用定额子目相一致。

属于施工图设计中不反映而靠预算人员按规定判定的工程量，如变压器干燥、吊芯等进行计算，并选用与定额规定电压等级、设备容量相符的子目。

（2）母线。软母线安装是指由耐张绝缘子悬挂的部分，以"跨/三相"为计量单位，引下线、跳线以"组"为计量单位。工程量部分只计"跨/三相"，其跨度间距就不需计算，在定额中已经作了综合考虑；引下线、跳线有多长亦与此相同。但主材部分计算除按设计数量外，还要加规定损耗计算，如设计数量未加安装预留长度按规定应计入其数量。

硬母线安装包括带型、槽型、管型均以"m/单相"为计量单位。工程量计算由起端至终端安装长度计算安装工程量，主材部分计算与软母线相同。

（3）电缆。电缆是指电气热控专业中的电力电缆（6kV以上和6kV以下）、电气控制电缆、热工控制机电缆、补偿电缆、计算机电缆、导线等，以"100m"为计量单位，电缆头的制作与安装在概算定额中已包含，不需要单独套用。预算定额中需要统计电缆头的数量。

3. 工程量计算应具备的条件

（1）了解工程情况。

1）了解工程性质，如扩建时应了解对原有设备的影响。

2）了解电气专业设计范围及工程项目内容。

3）熟悉各系统设计内容和工程特点。

（2）熟悉设计图纸。

1）熟悉图纸上的图形、图例、符号等意义。

2）具有识图能力，熟悉平断面总图和安装详图，及一、二次线的接线图。

（3）熟悉项目划分办法。掌握工程项目分类及排列顺序。

（4）熟悉电气设备安装工程预算定额和工程量计算规则。

（5）熟悉定额规定及分清已经计价材料和未计价材料（主材也称装置性材

料）的划分。

（6）掌握项目划分、预算定额、设备材料价格与工程量计算关系。

第三节 土建专业

一、项目划分

（1）土建工程一般采用扩大单位工程、单位工程和分部工程三级。
（2）划分中列入建筑工程的项目如下：
1）房屋建筑中的电气照明（包括烟囱照明）、暖气、通气、除尘、脱硝脱硫、空调以及室内外的上下水道和消防装置。消防系统、通风空调的控制部分，除由微机程控的列入安装工程外，均列入建筑工程。
2）供水、除灰系统的工程项目，视不同情况分别划入土建或安装工程。水工结构预应力钢筋混凝土管、水工建筑以及循环水系统、补给水系统、厂区及厂外除灰系统各种管道的土方、垫层、支墩、沟道、涵管（洞）及顶管措施列入建筑工程。
3）屋内配电装置及发电机出线小间建筑物的金属网门、屋外配电装置的金属结构、金属构架或支架、避雷针塔、栏栅等。
4）建（构）筑物的平台扶梯。
5）采暖加热站（制冷站）设备及管道、采暖锅炉房设备及管道、厂区采暖管道。
6）混凝土或石材砌筑的文丘里除尘器、箱、罐、池等。
7）工业用电梯井的建筑结构部分。
8）冷却塔内部的配水管、托架、淋水装置、除水装置及其结构等。
9）建（构）筑物的防腐设施、混凝土沟、槽、池、箱、罐等的防腐设施。
10）水工结构、清洁工建筑、预应力钢筋混凝土管、岸边水泵房引水管道。
11）燃气—蒸汽联合循环电厂独立布置的余热锅炉烟囱。
12）建筑专业出图的厂区工业管道。
13）建筑专业出图的设备基础框架、地脚螺栓、二次灌浆等。

二、工程量计算

1. 工程量计算的依据

工程量计算的主要依据是施工图图纸和预算定额，还应参考有关文件和基础资料，并注意结合现场的实际情况，了解施工方法及根据施工组织设计掌握使用机械和施工情况等。

2. 工程量计算的程序、步骤和方法

工程量计算应按照一定的顺序进行，并符合定额中"工程量计算规则"的规定，才能使计算出的工程量既没有错误又便于校核查对。

工程量计算程序和方法一般有：

（1）顺时针方向进行。就平面图而言，应先左后右，先横后竖，先上后下。如图中轴线有编号，可按轴线编号顺序进行。图中构件有编号（梁、柱、板等）也可按构件编号顺序进行。

（2）对断面图，应先下后上，由外至里，先建筑结构后装修。先下后上是指先基础后地上部分，先地面后楼层及屋面；由外至里是指先外墙后内墙；先建筑结构后装修是指先实体后装修，并可参考实体的各项数据，目的是要充分利用各种相互关系，达到计算快、简易、明了、正确。

（3）统筹程序、合理安排。预算工程量的计算，应科学地利用已知尺寸，将有关项目统筹计算。如地坪项目，可将干铺砾石垫层、混凝土地坪、水磨石面层等一次合并计算，即先算出面层平方米面积，再分别乘以砾石垫层厚度、混凝土地坪厚度。

工程量计算的步骤：

在施工图预算编制过程中，首先分析整个工程量计算的共性和个性的关系，即图中的"线"和"面"的规律；按照"三线""一面"和"一册"的工程量计算方法。

"三线"即外墙中心线、外墙边线、墙净长线。用 $L_{中}$、$L_{外}$、$L_{内}$ 表示。

"一面"即底层和楼层建筑面积，代号 S（用 z 表示层数）。

"一册"即在工程量计算中，有些系数、标准构件、标准化图纸等可事先搜集整理装订成册，随时翻阅套用。

3. 注意事项

（1）应熟悉《全国统一建筑工程预算工程量计算规则》，计算出的工程量必须与定额中的分部分项相符合，并与定额单位相一致。

1）预制装配结构中，柱与基础的分界线，参照现浇柱的规定计算。

2）汽机基础上部框架，包括柱、墩、框架、梁、板等全部结构件。

3）设备螺栓固定架工程量按图示尺寸加 1% 损耗计算。

4）金属结构构件制作工程量，按设计图纸主材的质量以 t 计算，不扣除孔

眼、缺角、切肢、切边的重量。圆形和多边形的钢板按方形或矩形计算。

5）金属压型钢板墙板（包括有保温和无保温）工程量按垂直投影面积计算。不扣除 $0.3m^2$ 及以下面积的门、窗、孔洞等面积，但压顶及门、窗、孔、洞周围的泛水不再计算工程量，已综合在定额中。

（2）熟悉设计图纸，对建筑物的布置及各部分构件的相应关系有一明确概念。在计算中抓住重点、照顾全面、避免漏项或重复计算。可先对一些反复使用的数字、工程量等作一通盘考虑，以便提高功效。

（3）工程量计算式的前面，应注明图号及所在图的位置，计算式中的每个尺寸及数字都要与图纸数字相符，以便校核查对。

（4）按一定的顺序依次计算。

（5）为校对和查找方便，要拟订一些适合计算各构件工程量的表格。

（6）在计算每个单位工程的工程量之前，应先算出它们的建筑面积、体积或构筑物面积、体积或构筑物的长度、座数、套数等，以便在该项单位工程预算编出后可直接计算单位造价指标。

（7）工程量计算必须遵守计算规则，同时方法步骤应灵活掌握、灵活应用，以达到准确和快的效果。

（8）项目和单位工程要与概算项目对口，便于对照和积累指标。

（9）现浇及预制钢筋混凝土构件（除注明按水平、垂直投影计算面积者外）均按图示尺寸以实体体积计算，但不扣除钢筋、铁件、螺栓体积和墙、壁和板类构件均不扣除 $0.3m^2$ 及以下孔洞的体积。

（10）冷却塔塑料填料工程量，按设计图纸要求的实际装置计算。

第四节 送电专业

一、工程量计算

1. 工地运输

工地运输是指定额内未计价材料自工地集散仓库（或集放点）运至沿线各杆（塔）位的装卸、运输和空载回程等全部工作。

（1）工地运输的地形，应按运输路径实际地形来划分，不应与工程地形相混淆；但划分方法可以参照。

（2）工地运输平均运距。

应根据沿线交通运输条件，选择不同的运输方式，采用加权平均的方法计算平均运距。

就运输方式来说，分为人力运输和机械运输两类。人力运输的定额单位是（t·km）；机械运输的定额单位分装卸（t）和运输（t·km）。

（3）运输计算。

$$概、预算量 = 设计量 \times (1+损耗率)$$
$$运输量 = 概（预）算量 \times 毛重系数（或单位重量）$$
$$毛重系数（或单位重量）按统一预算定额的规定$$

（4）对采用牵、张力机械架线的工程，不应再计列导、地线的人力运输工作量。对砂、石部分，如采用概算指标或当地材料预算价格时，不再计算车辆或船舶的运输量；如采用砂石出厂价或向当地建筑材料公司购买时，可另计算车辆或船舶运输费及杂费。

2. 土石方工程量

（1）坑、槽的土质，应以设计提供的地质资料划分，但不做分层计算；凡同一坑、槽中出现两种以上土质时，以厚度最大的一种作为类别；如遇有流砂时，则均做流砂坑计算。

（2）杆塔坑、拉线坑的土（石）方量计算，应按设计的基础底面为基数，考虑不同土质的操作裕度和不同埋深的边坡系数进行计量。

（3）规定的计量方法。

3. 基础工程量

（1）基础工程主要分预制式和现浇式两类。预制件均按"基"为计量单位。按每"基"的重量进行汇总和套用定额子目。现浇混凝土以"m^3"为计量单位，按施工图规定的混凝土标号分类，并按定额理论配合比计算砂、石、水泥量，再考虑地形之变化，计算其损耗率。

（2）基础的铺石、铺石灌浆、保护帽等工程量，可按设计用量加损耗率计列。

（3）有关垫层的灌浆量、爆扩桩基础的超灌量，应按设计规定用量计列。如果设计没有规定时，可按预算定额的有关规定执行。

（4）统一预算定额中，已考虑了混凝土用的洗石、搅拌、养护、洗模板等所需要用水量及水在100m范围内的运输工作。如果运水距离超过100m时，其超过的运距可按每立方米混凝土用水量500kg计及损耗计算水的运输工作量。

(5) 在统计和汇总基础工程量时，应按预算定额工地运输和现浇子目分类进行。

4. 杆塔工程的工程量

(1) 杆塔组立，以"基"为计量单位。定额所指的每基重量，是指整基杆（塔）组合构件（不包括基础部分）的设计重量；统计时，应按定额子目分别汇总。

(2) 铁塔的预算价格，原则上分为：定型铁塔、非定型铁塔、特大型铁塔三类；混凝土杆的预算价格原则上分为：一般普通型和预应力型两类。

(3) 铁塔的材料一般采用 AF3 和 16Mn 型钢。在初设阶段可按 16Mn 估算用量，以差价办法估列。为分别计算塔材、螺栓、脚钉、垫圈的损耗量，可按下列经验公式计算：

$$塔材概算量 = 铁塔设计量 \times 94\% \times (1+损耗率)$$

$$螺栓、脚钉、垫圈概算量 = 铁塔设计量 \times 6\% \times (1+损耗率)$$

塔材以大代小（指加工厂家的代用），一般控制在 8% 左右，并作为价差列入概算中。

(4) 拉线制作与安装的定额单位是"根"，统计时应按拉线截面、组合方式、组装型式等分别汇总。

5. 架线工程量

(1) 架线工程量以设计的总长度（亘长）为准。定额单位是"km"，在计算导线的用量时，应按主要工程的地形划分及计不同的损耗率。如出现部分双回路时，可折算成单回路进行计算；但在套用定额时，仍应将单回与双回区分。

(2) 定额中的跨越架设，是指越线架的塔、杆和越线架材料的运输以及因施工困难所增加的工程量，定额以"处"为计量单位。在计算跨越架设的工程时，应按被跨越物的种类、电压级别、河流宽度等分别统计和汇总。

(3) 拦河线安装的定额单位是"处"，统计工程量时应以河宽的不同，分别统计。

6. 附件安装工程量

附件安装工程包括：绝缘子及挂线金具安装，护线条安装，防振锤、间隔棒安装，重锤安装，均压环、屏蔽环安装五项，在计算工程量时，应注意以下几点：

(1) 定额中未包括耐张杆塔的绝缘子及挂线金具，跳线串的绝缘子及金具。但安装工程量已计入架线工程量中。

（2）同杆塔架设双回路时，未计价材料应按设计量予以统计；但安装费应乘以 1.75 的系数调整。

（3）附件的工程量，应按杆塔明细表中的导、地线绝缘子串组合、跳线绝缘子串组合，分别按绝缘子型式、绝缘子组数和片数，护线条"基"数，防振锤、间隔棒"个"数，重锤的"基"数，均压、屏蔽环"基"数予以统计和汇总。

第六章 工程量清单和清单计价

第一节 工程量清单编制

工程量清单（Bill of Quantities，简称 BOQ），是表现拟建工程的分部分项工程项目、措施项目、其他项目的名称和相应数量以及规费和税金项目等内容的明细清单。是由招标人按照"计价规范"中统一的项目编码、项目名称、计量单位和工程量计算规则进行编制。包括分部分项工程清单、措施项目清单、其他项目清单、规费项目、税金项目清单组成。

（1）分部分项工程量清单为不可调整的闭口清单，投标人对投标文件提供的分部分项工程量清单必须逐一计价，对清单所列内容不允许做任何更改变动。投标人如果认为清单内容有不妥或遗漏，只能通过质疑的方式由清单编制人作统一的修改更正，并将修正后的工程量清单发往所有投标方。

（2）措施项目清单为可调整清单，投标人对招标文件中所列项目，可根据企业自身特点作适当的变更增减。投标人要对拟建工程可能发生的措施项目和措施费用作通盘考虑。清单一经报出，即被认为是包括了所有应该发生的措施项目的全部费用。如果报出的清单中没有列项，且施工中又必须发生的项目，业主有权认为，其已经综合在分部分项工程量清单的综合单价中。将来措施项目发生时，投标人不得以任何借口提出索赔与调整。

（3）其他项目清单由招标人部分和投标人部分等两部分组成。招标人填写的内容随招标文件发至投标人或标底编制人，其项目、数量、金额等投标人或标底编制人不得随意改动。由投标人填写部分的零星工作项目表中，招标人填写的项目与数量，投标人不得随意更改，且必须进行报价。如果不报价，招标人有权认为投标人就未报价内容无偿为自己服务。当投标人认为招标人列项不全时，投标人可自行增加列项并确定本项目的工程数量及计价。

（4）规费、税金项目清单是省级政府省级有关权力部门和税务部门的规定列项。

一、工程量清单的编制依据

国家行政主管部门颁发的工程量计算规则、分部分项工程项目划分及计量单位的规定，施工设计图纸，施工现场情况和招标文件中的有关要求。

二、工程量清单编制的主要内容与要求

（1）工程量清单由封面签署页、工程量清单总编制说明和工程量清单三部分组成。

（2）编制说明包括编制依据，分部分项工程项目工作内容的补充要求，施工工艺特殊要求，主要材料品牌、质量、产地的要求，新材料及未确定档次材料的价格设定，拟使用商品混凝土情况及其他需要说明的问题。

（3）工程量清单应按招标项目设计图纸、招标文件要求和现行的工程量计算规则、项目划分、计量单位的规定进行编制。

（4）分部分项工程项目名称应使用规范术语定义，对允许合并列项的工程在工程量清单列项中需做准确描述。

（5）按现行项目划分规定，在工程量清单中列出建筑脚手架费、垂直运输费、超高费、机械进出厂及安拆费等有关施工技术性措施费项目，另外还列出临时设施费、赶工措施费、安全施工防护措施费、优质优价增强费等施工组织措施费项目。

三、工程量清单的编制

（一）分部分项工程项目清单

分部分项工程是分部工程和分项工程的总称。分部工程是按结构部位、路段长度及施工特点或施工任务将单位工程划分为若干分部的工程。例如，砌筑工程分为砖砌体、砌块砌体、石砌体、垫层分部工程。分项工程是按不同施工方法、材料、工序及路段长度等分部工程划分为若干个分项或项目的工程。例如，砖砌体分为砖基础、砖砌挖孔桩护壁、实心砖墙、多孔砖墙、空心砖墙、空斗墙、空花墙、填充墙、实心砖柱、多孔砖柱、砖检查井、零星砌砖、砖散水地坪、砖地沟明沟等分项工程。

分部分项工程项目清单必须载明项目编码、项目名称、项目特征、计量单位和工程量。分部分项工程项目清单必须根据各专业工程计量规范规定的项目编

码、项目名称、项目特征、计量单位和工程量计算规则进行编制。

1. 项目编码

项目编码是分部分项工程和措施项目清单名称的阿拉伯数字标识。分部分项工程量清单项目编码以五级编码设置，用十二位阿拉伯数字表示。一、二、三、四级编码为全国统一，即一至九位应按计价规范附录的规定设置；第五级即十至十二位为清单项目编码，应根据拟建工程的工程量清单项目名称设置，不得有重号。

各级编码代表的含义如下：

（1）第一级表示专业工程代码（分二位）。

（2）第二级表示附录分类顺序码（分二位）。

（3）第三级表示分部工程顺序码（分二位）。

（4）第四级表示分项工程项目名称顺序码（分三位）。

（5）第五级表示工程量清单项目名称顺序码（分三位）。

例子：

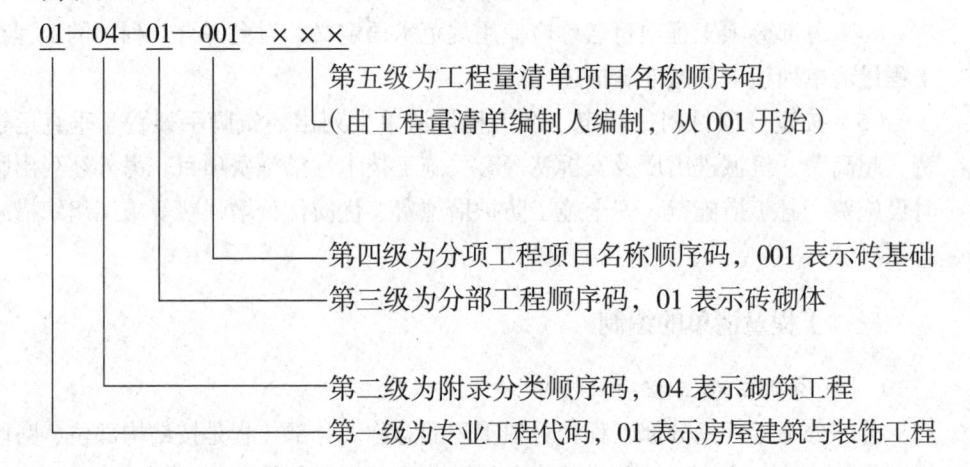

01—04—01—001—×××

第五级为工程量清单项目名称顺序码（由工程量清单编制人编制，从001开始）

第四级为分项工程项目名称顺序码，001表示砖基础

第三级为分部工程顺序码，01表示砖砌体

第二级为附录分类顺序码，04表示砌筑工程

第一级为专业工程代码，01表示房屋建筑与装饰工程

当同一标段（或合同段）的一份工程量清单中含有多个单位工程且工程量清单是以单位工程为编制对象时，在编制工程量清单时应特别注意对项目编码十至十二位的设置不得有重码的规定。

2. 项目名称

分部分项工程量清单的项目名称应按各专业工程计量规范附录的项目名称结合拟建工程的实际确定。附录表中的项目名称为分项工程项目名称，是形成分部分项工程量清单项目名称的基础。即在编制分部分项工程量清单时，以附录中的分项工程项目名称为基础，考虑该项目的规格、型号、材质等特征要求，结合拟建工程的实际情况，使其工程量清单项目名称具体化、细化，以反映影响工程造价的主要因素。例如，门窗工程中特殊门应区分冷藏门、冷冻闸门、保温门、变电室门、隔音门、人防门、金库门等。清单项目名称应表达详细、准确，各专业工程计量规范中的分项工程项目名称如有缺陷，招标人可作补充，并报当地工程造价管理机构（省级）备案。

3. 项目特征

项目特征是构成分部分项工程项目、措施项目自身价值的本质特征。项目特征是对项目的准确描述，是确定一个清单项目综合单价不可缺少的重要依据，是区分清单项目的依据，是履行合同义务的基础。分部分项工程量清单的项目特征应按各专业工程计量规范附录中规定的项目特征，结合技术规范、标准图集、施工图纸，按照工程结构、使用材质及规格或安装位置等，予以详细而准确的表述和说明。凡项目特征中未描述到的其他独有特征，由清单编制人视项目具体情况确定，以准确描述清单项目为准。

在各专业工程计量规范附录中还有关于各清单项目工作内容的描述。工作内容是指完成清单项目可能发生的具体工作和操作程序，但应注意的是，在编制分部分项工程量清单时，工作内容通常无需描述，因为在计价规范中，工程量清单项目与工程量计算规则、工作内容有一一对应关系，当采用计价规范这一标准时，工作内容均有规定。

4. 计量单位

计量单位应采用基本单位，除各专业另有特殊规定外均按以下单位计量：

（1）以质量计算的项目——吨或千克（t 或 kg）。

（2）以体积计算的项目——立方米（m^3）。

（3）以面积计算的项目——平方米（m^2）。

（4）以长度计算的项目——米（m）。

（5）以自然计量单位计算的项目——个、套、块、樘、组、台。

（6）没有具体数量的项目——宗、项。

各专业有特殊计量单位的，另外加以说明，当计量单位有两个或两个以上时，应根据所编工程量清单项目的特征要求，选择最适宜表现该项目特征并方便计量的单位。

计量单位的有效位数应遵守下列规定：

1）以"t"为单位，应保留小数点后三位数字，第四位小数四舍五入。

2）以"m""m^2""m^3""kg"为单位，应保留小数点后两位数字，第三位小数，四舍五入。

3）以"个""件""根""组""系统"等为单位，应取整数。

（二）措施项目清单

1. 措施项目列项

措施项目是指为完成工程项目施工，发生于该工程施工准备和施工过程中的技术、生活、安全、环境保护等方面的项目。措施项目清单应根据相关工程现行国家工程计量规范的规定编制，并应根据拟建工程的实际情况列项。例如，《房屋建筑与装饰工程量计算规范》（GB 50854）中规定的措施项目，包括脚手架工程，混凝土模板及支架（撑），垂直运输，超高施工增加，大型机械设备进出场及安拆，施工排水、降水，安全文明施工及其他措施项目。

2. 措施项目清单的标准格式

（1）措施项目清单的类别。措施项目费用的发生与使用时间、施工方法或者两个以上的工序相关，如安全文明施工，夜间施工，非夜间施工照明，二次搬运，冬雨季施工，地上、地下设施，建筑物的临时保护设施，已完工程及设备保护等。但是有些措施项目则是可以计算工程量的项目，如脚手架工程，混凝土模板及支架（撑），垂直运输，超高施工增加，大型机械设备进出场及安拆，施工排水、降水等，这类措施项目按照分部分项工程量清单的方式采用综合单价计价，更有利于措施费的确定和调整。措施项目中可以计算工程量的项目清单宜采用分部分项工程量清单的方式编制，列出项目编码、项目名称、项目特征、计量单位和工程量计算规范，不能计算工程量的项目清单，以"项"为计量单位进行编制。

（2）措施项目清单的编制。措施项目清单的编制需考虑多种因素，除工程本身的因素外，还涉及水文、气象、环境、安全等因素。措施项目清单应根据拟建工程的实际情况列项。若出现清单计价规范中未列的项目，可根据工程实际情况补充。

措施项目清单的编制依据主要有：

1）施工现场情况、地勘水文资料、工程特点。

2）常规施工方案。

3）与建设工程有关的标准、规范、技术资料。

4）拟定的招标文件。

5）建设工程设计文件及相关资料。

（三）其他项目清单

其他项目清单是指分部分项工程量清单、措施项目清单所包含的内容以外，因招标人的特殊要求而发生的与拟建工程有关的其他费用项目和相应数量的清单。工程建设标准的高低、工程的复杂程度、工程的工期长短、工程的组成内容、发包人对工程管理要求等都直接影响其他项目清单的具体内容。其他项目清单包括暂列金额，暂估价（包括材料暂估单价、工程设备暂估单价、专业工程暂估价），计日工，总承包服务费。

1. 暂列金额

暂列金额是指招标人在工程量清单中暂定并包括在合同价款中的一笔款项。用于工程合同签订时尚未确定或者不可预见的所需材料、工程设备、服务的采购，施工中可能发生的工程变更、合同约定调整因素出现时的合同价款调整，以及发生的索赔、现场签证确认等的费用。不管采用何种合同形式，其理想的标准是，一份合同的价格就是其最终的竣工结算价格，或者至少两者应尽可能接近。我国规定对政府投资工程实行概算管理，经项目审批部门批复的设计概算是工程投资控制的刚性指标，即使商业性开发项目也有成本的预先控制问题，否则，无法相对准确预测投资的收益和科学合理地进行投资控制。

但工程建设自身的特性决定了工程的设计需要根据工程进展不断地进行优化和调整，业主需求可能会随工程建设进展出现变化，工程建设过程还会存在一些不能预见、不能确定的因素。消化这些因素必然会影响合同价格的调整，暂列金额正是因这类不可避免的价格调整而设立，以便达到合理确定和有效控制工程造价的目标。设立暂列金额并不能保证合同结算价格就不会再出现超过合同价格的情况，是否超出合同价格完全取决于工程量清单编制人对暂列金额预测的准确性，以及工程建设过程是否出现了其他事先未预测到的事件。

2. 暂估价

暂估价是指招标人在工程量清单中提供的用于支付必然发生但暂时不能确定价格的材料、工程设备的单价以及专业工程的金额，包括材料暂估单价、工程设备暂估单价和专业工程暂估价；暂估价类似于 FIDIC 合同条款中的 Prime Cost Items，在招标阶段预见肯定要发生，只是因为标准不明确或者需要由专业承包人完成，暂时无法确定价格。暂估价数量和拟用项目应当结合工程量清单中的"暂估价表"予以补充说明。为方便合同管理，需要纳入分部分项工程量清单项目综合单价中的暂估价应只是材料、工程设备暂估单价，以方便投标人组价。

专业工程的暂估价一般应是综合暂估价，同样包括人工费、材料费、施工机具使用费、企业管理费和利润，不包括规费和税金。总承包招标时，专业工程设计深度往往是不够的，一般需要交由专业设计人设计。在国际社会，出于对提高可建造性的考虑，一般由专业承包人负责设计，以发挥其专业技能和专业施工经验的优势。这类专业工程交由专业分包人完成是国际工程的良好实践，目前在我国工程建设领域也已经比较普遍。公开透明地合理确定这类暂估价的实际开支金额的最佳途径就是通过施工总承包人与工程建设项目招标人共同组织的招标。

暂估价中的材料、工程设备暂估单价应根据工程造价信息或参照市场价格估算，列出明细表；专业工程暂估价应分不同专业，按有关计价规定估算，列出明细表。

3. 计日工

在施工过程中，承包人完成发包人提出的工程合同范围以外的零星项目或工作，按合同中约定的单价计价的一种方式。计日工是为了解决现场发生的零星工作的计价而设立的。国际上常见的标准合同条款中，大多数都设立了计日工（Daywork）计价机制。计日工对完成零星工作所消耗的人工工时、材料数量、施工机械台班进行计量，并按照计日工表中填报的适用项目的单价进行计价支付。计日工适用的零星项目或工作一般是指合同约定之外的或者因变更而产生的、工程量清单中没有相应项目的额外工作，尤其是那些难以事先商定价格的额外工作。

4. 总承包服务费

总承包服务费是指总承包人为配合协调发包人进行的专业工程发包，对发包人自行采购的材料、工程设备等进行保管以及施工现场管理、竣工资料汇总整理等服务所需的费用。招标人应预计该项费用并按投标人的投标报价向投标人支付该项费用。

（四）规费、税金项目清单

规费项目清单应按照下列内容列项：社会保险费，包括养老保险费、失业保险费、医疗保险费、工伤保险费、生育保险费；住房公积金；工程排污费；出现计价规范中未列的项目，应根据省级政府或省级有关权力部门的规定列项。

税金项目清单应包括下列内容：增值税、城市维护建设税、教育费附加、地方教育附加。出现计价规范未列的项目，应根据税务部门的规定列项。

四、工程量清单格式的组成内容

（1）封面。

（2）填表须知。

1）工程量清单及其计价格式中所有要求签字、盖章的地方，必须由规定的单位和人员签字、盖章。

2）工程量清单及其计价格式中的任何内容不得随意删除或涂改。

3）工程量清单计价格式中列明的所有需要填报的单价和合价，投标人均应填报，未填报的单价和合价，视为此项费用已包含在工程量清单的其他单价和合价中。

4）金额（价格）表示币种。

（3）总说明。

（4）分部分项工程量清单。

分部分项工程量清单应包括项目编码、项目名称、计量单位和工程数量四个部分。

（5）措施项目清单。

能按工程量清单格式编制的应包括项目编码、项目名称、计量单位和工程数量四个部分，未能按清单格式编制的，按"项"计列。

（6）其他项目清单。

其他项目清单包含暂列金额、暂估价、计日工和总承包服务费清单。

（7）规费清单。

（8）税费清单。

第二节　工程量清单计价

工程量清单计价是指投标人完成由招标人提供的工程量清单所需的全部费用，包括分部分项工程费、措施项目费、其他项目费、规费和税金。

一、工程量清单的计价方式

工程量清单计价方式，是在建设工程招投标中，招标人自行或委托具有资质的中介机构编制反映工程实体消耗和措施性消耗的工程量清单，并作为招标文件的一部分提供给投标人，由投标人依据工程量清单自主报价的计价方式。

二、工程量清单计价的意义

工程造价管理改革的取向是通过市场机制进行资源配置和生产力布局,而价格机制是市场机制的核心,价格形成机制的改革又是价格改革的中心,因此在造价管理改革中计价模式的改革首当其冲,电力工程造价管理改革不可能游离于国家经济体制改革之外,所以建立以市场为取向、由市场形成工程造价机制也是电力工程造价体制改革的核心环节之一和必然之路。

中国加入世界贸易组织(WTO)后,有些国外大的投资商进入中国来争占我国巨大的投资市场,中国也应同时利用入世的机遇到国外去投资和经营项目,入世意味着必须按照国际公认的游戏规则动作,过去习惯的与国际不通用方法必须做出重大调整。FIDIC条款已被各国投资商及世界银行、亚洲银行等金融机构普遍认可,成为国际性的工程承包合同文本,入世后必将成为我国工程招标文件的主要支撑内容。纵观世界各国的招标计价办法,绝大多数国家均采用最具竞争性的工程量清单计价方法。国内利用国际贷款项目的招投标也都实行工程量清单计价。因此,为了与国际接轨就必须推广采用工程量清单即实物工程量计价模式。

实行工程量清单计价的作用有:

1. 建设市场秩序

实行工程量清单计价,是规范建设市场秩序,适应社会主义经济发展的需要,工程量清单计价是市场形成工程造价的主要形式,工程量清单计价有利于发挥企业自主报价的能力,实现由政府定价向市场定价的转变;有利于规范业主在招标中的行为,有效避免招标单位在招标中盲目压价的行为,从而真正体现公开、公平、公正的原则,适应市场经济规律。

2. 促进建设市场

实行工程量清单计价,是促进建设市场有序竞争和健康发展的需要。工程量清单招标投标,对招标人来说由于工程量清单是招标文件的组成部分,招标人必须编制出准确的工程量清单,并承担相应的风险,促进招标人提高管理水平。由于工程量清单是公开的,将避免工程招标中弄虚作假、暗箱操作等不规范的行为。对投标人来说,要正确进行工程量清单报价,必须对单位工程成本、利润进行分析,精心选择施工方案,合理组织施工,合理控制现场费用和施工技术措施费用。此外,工程量清单对保证工程款的支付、结算都起到重要作用。

3. 利于职能转变

实行工程量清单计价，有利于我国工程造价政府管理职能的转变。实行工程量清单计价，将过去由政府控制的指令性定额计价转变为适应市场经济规律需要的工程量清单计价方法，从过去政府直接干预转变为对工程造价依法监督，有效地加强政府对工程造价的宏观控制。

4. 适应中国市场

实行工程量清单计价，是适应我国加入世界贸易组织（WTO），融入世界大市场的需要。随着我国改革开放的进一步加快，中国经济日益融入全球市场，特别是我国加入世界贸易组织后，建设市场将进一步对外开放。国外企业及投资的项目越来越多地进入国内市场，我国企业走出国门海外投资和经营的项目也在增加。为了适应这种对外开放建设市场的形式，就必须与国际通行的计价方法相适应，为建设市场主体创造一个与国际管理接轨的市场竞争环境。工程量清单计价是国际通行的计价办法，在我国实行工程量清单计价，有利于提高国内建设各方主体参与国际化竞争的能力。

三、工程量清单计价的特征

工程量清单报价是指在建设工程投标时，招标人依据工程施工图纸，按照招标文件的要求，按现行的工程量计算规则为投标人提供事物工程量项目和技术措施项目的数量清单，供投标单位逐项填写单价，并计算出总价，再通过评标，最后确定合同价。工程量清单报价作为一种全新的较为客观合理的计价方式，它有如下特征，能够消除以往计价模式的一些弊端。

（1）工程量清单均采用综合单价形式，综合单价中包括了工程直接费、间接费、管理费、风险费、利润、国家规定的各种规费等，一目了然，更适合工程的招投标。

（2）工程量清单报价要求投标单位根据市场行情，自身实力报价，这就要求投标人注重工程单价的分析，在报价中反映出本投标单位的实际能力，从而能在招投标工作中体现公平竞争的原则，选择最优秀的承包商。

（3）工程量清单具有合同化的法定性，本质上是单价合同的计价模式，中标后的单价一经合同确认，在竣工结算时是不能调整的，即量变价不变。

（4）工程量清单报价详细地反映了工程的实物消耗和有关费用，因此易于结合建设项目的具体情况，变以预算定额为基础的静态计价模式为将各种因素考虑在单价内的动态计价模式。

（5）工程量清单报价有利于招投标工作，避免招投标过程中有盲目压价、弄虚作假、暗箱操作等不规范行为。

（6）工程量清单报价有利于项目的实施和控制，报价的项目构成、单价组成必须符合项目实施要求，工程量清单报价增加了报价的可靠性，有利于工程款的拨付和工程造价的最终确定。

（7）工程量清单报价有利于加强工程合同的管理，明确承发包双方的责任，实现风险的合理分担，即量由发包方或招标方确定，工程量的误差由发包方承担，工程报价的风险由投标方承担。

（8）工程量清单报价将推动计价依据的改革发展，推动企业编制自己的企业定额，提高自己的工程技术水平和经营管理能力。

四、工程量清单计价与定额计价的区别

（1）定额计价是使用了几十年的一种计价模式，其基本特征是价格＝定额＋费用＋文件规定，并作为法定性的依据强制执行，不论是工程招标编制标底还是投标报价均以此为唯一的依据，承发包双方共享一本定额和费用标准确定标底价和投标报价，一旦定额价与市场价脱节就影响计价的准确性。定额计价是建立在以政府定价为主导的计划经济管理基础上的价格管理模式，它所体现的是政府对工程价格的直接管理和调控。

随着市场经济的发展，过程中曾有"控制量、指导价、竞争费""量价分离""以市场竞争形成价格"等多种改革方案。但由于没有对定额管理方式及计价模式进行根本的改变，以至于未能真正体现量价分离，以市场竞争形成价格。也曾提出过推行工程量清单报价，但实际上由于当前还未形成成熟的市场环境，一步实现完全开放的市场还有困难，有时明显的是以量补价、量价扭曲，所以仍然摆脱不了定额计价模式，不能真正体现企业根据市场行情和自身条件自主报价。

（2）工程量清单计价是属于全面成本管理的范畴，其思路是"统一计算规则，有效控制虚高部分，彻底放开价格，正确引导企业自主报价、市场有序竞争形成价格"。跳出传统的定额计价模式，建立一种全新的计价模式，依靠市场和企业的实力通过竞争形成价格，使业主通过企业报价可直观地了解项目造价。

（3）工程量清单计价与定额计价不仅仅是在表现形式、计价方法上发生了变化，而是从定额管理方式和计价模式上发生了变化。首先，从思想观念上对定额管理工作有了新的认识和定位。试图通过对定额的强制贯彻执行来达到对工程造

价的合理确定和有效控制的这种做法在计划经济时期和市场经济初期，的确是有效的管理手段。但随着经济体制改革的深入和市场机制的不断完善，这种以政府行政行为作为对工程造价的刚性管理手段所暴露出的弊端越来越突出。要寻求一种有效的管理办法和管理手段，从定额管理转变到为建设领域各方面提供计价依据指导和服务。其次，工程量清单计价实现了定额管理方面的转变。工作量清单计价模式采用的是综合单价形式，并由企业自行编制。

由于工程量清单计价提供的是计价规则、计价办法以及定额消耗量，摆脱了定额标准价格的概念，真正实现了量价分离、企业自主报价、市场有序竞争形式价格。工程量清单报价按相同的工程量和统一的计量规则，由企业根据自身情况报出综合单价，价格高低完全由企业自己确定，充分体现了企业的实力，同时也真正体现出公开、公平、公正。

采用行业统一定额计价，投标企业没有定价的发言权，只能被动接受。而工程量清单投标报价，可以充分发挥企业的能动性，企业利用自身的特点，使企业在投标中处于优势的位置。同时工程量清单报价体现了企业技术管理水平等综合实力，也促进企业在施工中加强管理、鼓励创新、从技术中要效率、从管理中要利润，在激烈的市场竞争中不断发展和壮大，企业的经营管理水平高，可以降低管理费，自有的机械设备齐全，可减少报价中的机械租赁费用，对未来要素价格发展趋势预测准确，就可以减少承包风险，增强竞争力，其结果促进了优质企业做大做强，使无资金、无技术、无管理的小企业、包工头退出市场，实现了优胜劣汰，从而形成管理规范、竞争有序的建设市场秩序。

五、工程量清单的计价方法

（一）工程量清单计价影响因素的分析

从微观的角度简明扼要地分析影响综合单价和工程造价的直接因素，包括以下几个因素：

1. 市场因素

政府宏观控制、市场形成价格，发承包双方在不违背有关法规政策的前提下，随行就市，自主定价。

2. 业主因素

业主是工程建设市场的主体，也是影响工程价格的重要因素，特别是在买方市场中起着极其重要的作用。业主决策者决策的理智和科学性、资金实力和投资心态，都是决定工程造价的重要因素。

3. 设计、咨询、监理与施工因素

设计图纸是决定工程造价的直接因素，设计质量不仅对工程造价产生直接的影响，而且会对产品质量、工程造价的形成过程和施工管理过程产生重大的影响。实行工程量清单计价，咨询、监理都应当对节约投资、降低工程造价有高度的责任感，推行合理低价中标都属于执业的本分，视设计浪费于不顾，只在施工招标中一味压价，显然是一种不正常的倾向。

4. 工程现场条件与环境因素

采用工程量清单报价给承包商带来了更宽松的报价环境，但是，也不能忽视自然环境与周边社会环境，如施工现场的水文、地质、安全等因素存在的风险，这些因素都与分部分项工程项目、措施项目和其他项目的费用直接或间接相关。

5. 项目经理及其定额基础工作因素

项目经理作为施工现场的第一指挥者，对项目施工质量、进度、成本、安全、环保与营销等目标的实现起着决定性的作用，对工程成本与造价的影响作用，对促进行业总体生产效率增长的作用是不可低估的。

总体上讲，项目经理的素质与企业的整体素质，特别是包括企业定额管理在内的基础工作密切相关，与采用清单报价方式有着更密切的联系。企业定额与其控制水平，是衡量承包企业综合实力和发展水平的标志，是影响投标报价和实现承诺的决定性因素。

6. 行业与协作因素

行业与协作因素主要是指建设业与行业管理发展状况，工程技术与工程造价水平，本行业与相关行业提供协作的条件等。

7. 政策法规因素

政策法规因素主要是指与工程造价相关的政策法规、规范、标准以及政府职能转变和执法力度等因素的影响。这类因素是直接影响市场规范、行业管理体制与发展的决定性因素，也会直接反映到招标投标决策与施工现场管理之中。

（二）工程量清单计价的原则和依据

1. 编制原则

（1）质量效益原则。

"质量第一"对于任何产品和生产企业来说都是一项永恒的原则。

（2）竞争原则和不低于成本原则。

从市场学角度讲，竞争是市场经济一个重要的规律，有商品生产就会有竞争。

（3）优势原则。

具有竞争性的价格来源于企业优势，如品牌、诚信、管理、技术、专利、营销、价格优势等。在众多投标者之中，一家企业不可能具有全方位的优势，但总会有自己的优势和长处，否则，只能是"陪标"。

（4）风险与对策的原则。

编制招标控制价或投标报价必须注重风险研究，充分预测风险，脚踏实地进行调查研究，采取有效的措施和对策。

2. 工程量清单计价的依据

（1）《建设工程工程量清单计价规范》（GB 50500）、专业工程量计算规范及相关政策、法规、标准以及操作规程等。

（2）招标文件和施工图纸、地质与水文资料、施工组织设计、施工方案、技术专利、质量、环保、安全措施方案及施工现场资料等。

（3）市场劳动力、材料、设等价格信息和造价主管部门公布的价格信息及其相应价差调整的文件规定等信息与资料。

（4）承包商投标营销方案与投资策略、施工企业消耗与费用定额、企业技术与质量标准、企业工法资料、新技术新工艺标准，以及过去存档的同类与类似工程资料等。

（5）全国及省、市、地区建筑安装工程综合单价定额，或相关消费与费用定额，或地区综合估计表（或基价表）。

（三）综合单价的编制

1. 综合单价的内容

《建设工程工程量清单计价规范》（GB 50500）规定综合单价的全部费用应包括人工费、材料费、机械使用费、管理费和利润，并特别强调编制时应充分考虑风险因素对工程造价的影响等。因此，在编制分部分项项目和单价措施项目工程量清单与综合单价时，要对存在的风险做充分的估计与预测，并合理地反映于综合单价中，必要时也应在工程合同相应条款中固定下来。

2. 综合单价编制程序与步骤

工程预算定额"项目"是按施工工序内容与要求设置的，而划分的工程量清单项目构成一个分部分项工程的实体，其工作内容可能包含多个预算定额分项，所有综合单价反映的是一个分部分项工程实体所包含工作内容的价值。

确定综合单价是承包商准备响应和承诺业主招标的核心工作，是中标的关键一环。综合单价编制程序和步骤见表6-1。

表 6-1　　　　　　　　　　综合单价编制程序和步骤

序号	项目费用	计算方法
1	人工费	∑（人工费）
2	材料费	∑（材料费）
3	施工机械使用费	∑（施工机械使用费）
4	企业管理费	(1+3) × 费率
5	利润	(1+3) × 费率
6	风险因素	招标文件或编写计算
7	综合单价	1+2+3+4+5+6

3. 工程量清单分项计价费用与汇总

（1）工程量清单计价项目费用的一般规定。

1）采用工程量清单计价，建设工程造价由分部分项工程费、措施项目费、其他项目费、规费和税金组成。

2）分部分项工程量清单应采用综合单价计价。

3）招标文件中的工程量清单标明的工程量是投标人投标报价的共同基础，竣工结算的工程量按发、承包双方在合同中约定应予计量且实际完成的工程量确定。

4）措施项目清单计价应根据拟建工程的施工组织设计，可以计算工程量的措施项目，应按分部分项工程量清单的方式采用综合单价计价；其余的措施项目可以"项"为单位的方式计价，应包括除规费、税金外的全部费用。

5）措施项目清单中的安全文明施工费应按照国家或省级、行业建设主管部门的规定计价，不得作为竞争性费用。

6）招标人在工程量清单中提供了暂估价的材料和专业工程属于依法必须招标的，由承包人和招标人共同通过招标确定材料单价与专业工程分包价。

若材料不属于依法必须招标的，经发、承包双方协商确认单价后计价。

若专业工程不属于依法必须招标的，由发包人、总承包人与分包人按有关计价依据进行计价。

7）规费和税金应按国家或省级、行业建设主管部门的规定计算，不得作为竞争性费用。

8）采用工程量清单计价的工程，应在招标文件或合同中明确风险内容及其范围（幅度），不得采用无限风险、所有风险或类似语句规定风险内容及其范围（幅度）。

（2）工程量清单计价表格使用规定。

计价清单的主要表格有：

1）单位工程招标控制汇总表；

2）分部分项工程量清单与计价表；

3）措施项目清单与计价表；

4）综合单价分析表；

5）措施项目分项表。

（3）工程量清单项目费用分项与计算。

1）分部分项工程量清单费用的确定。确定分部分项工程量清单分项综合单价后，可按分部分项工程量清单计价表的分项，逐项计算分项合价，最后计算分部分项工程量清单汇总合计费用，计算过程是：

某分部分项清单分项计价费用 = 某分部分项清单分项综合单价 × 某分部分项清单分项工程数量

分部分项工程量清单合计费用 = ∑分部分项工程量清单各分项计价费用

2）其他项目清单费用的确定。

暂列金额应按招标工程量清单中列出的金额填写；

暂估价中的材料、工程设备单价应按招标工程量清单中列出的单价计入综合单价；

暂估价中的专业工程金额应按招标工程量清单中列出的金额填写；

计日工应按招标工程量清单中列出的项目根据工程特点和有关计价依据确定综合单价计算；

总承包服务费应根据招标工程量清单列出的内容和要求估算。

3）措施项目。措施项目中的总价项目费用应包括除规费、税金外的全部费用。

措施项目清单中的安全文明施工费应按照国家、省、行业主管部门的规定计价，不得作为竞争性费用，招标人也不得要求投标人对该项费用进行优惠。

4）规费。规费是根据省级政府或省级有关行政部门的规定必须缴纳的，应计入建筑安装工程造价的费用。

5）税金。税金是根据国家税法规定的应计入建筑安装工程造价内的增值税。

(四)建设项目施工造价的形成

1. 单位工程造价的形成

完成上述各项清单计价费用之后,即可分别完成规范工程计价格式表中规定的分部分项工程和单价措施项目清单与计价表、总价措施项目清单与计价表、其他项目清单计价表。包括规费和税金项目计划表等,然后按表 6-2 的要求完成计价方式中的单位工程造价汇总表。

表 6-2 单位工程项目招标控制价／投标报价汇总表

工程名称: 标段: 第 页 共 页

序号	项目名称	金额(元)	其中,暂估价(元)
1	分部分项工程		
2	措施项目		
	其中:安全文明施工费		
3	其他项目		
	其中:暂列金额		
	暂估价		
	计日工		
	总承包服务费		
4	规费		
5	税金		
招标控制价合计(1+2+3+4+5)			

2. 建设项目工程施工总价的形成

建设项目工程施工总价,应在单位工程项目招标控制价、投标报价或竣工结算价汇总的基础上形成,按相关规定进行计算与统计。

单位工程招标控制价(或投标报价)费用金额 = ∑单项工程招标控制价(或投标报价)费用金额

建设项目招标控制价(或投标报价)费用金额 = ∑单项工程招标控制价(或投标报价)费用金额

第七章 案例

第一节 建设项目投资费用

案例 1：涨价预备费与建设期贷款利息的计算

某企业拟投资一座工业厂房，静态投资为 19741.82 万元，建设期 2 年，第一年计划投资 60%，第二年计划投资 40%，建设期内物价上涨率为 3%。以上投资中 70% 为企业自有资本金，其余资金采用贷款方式解决，利率 7.85%（按年计息）。

问题：求建设期内涨价预备费与建设期贷款利息各为多少。

答题：

1. 建设期内涨价预备费

建设期各年静态投资：第 1 年：19741.82×60%=11845.09 万元。

第 2 年：19741.82×40%=7896.73 万元。

建设期内的涨价预备费 =11845.09×[（1+3%)^1（1+3%）$^{0.5}$（1+3%）$^{1-1}$−1]+7896.73×[（1+3%）^{1}（1+3%）$^{0.5}$（1+3%）$^{2-1}$−1]=537.01+605.65=1142.66 万元。

2. 建设期贷款利息

建设期每年贷款额 = 建设投资 ×30%=（静态投资 + 涨价预备费）×30%。

第 1 年贷款额 =（11845.09+537.01）×30%=3714.63 万元。

第 2 年贷款额 =（7896.73+605.65）×30%=2550.71 万元。

第 1 年贷款利息 =（0+3714.63÷2）×7.85%=145.80 万元。

第 2 年贷款利息 =[（3714.63+145.80）+2550.71÷2]×7.85%=403.16 万元。

建设期贷款利息合计 =145.80+403.16=548.96 万元。

案例 2：建设期总投资的计算

某建材企业准备投资新建一工厂，厂区内主要包括生产车间、办公楼和辅助设施。根据同类项目的工艺设计资料得知,新建项目需购买的设备为三种,分别为 M1 共 1 台、M2 共 2 台和 M3 共 2 台。

(1) M1 需进口,离岸价为 100 万美元 / 台,人民币兑换美元的外汇牌价均按 1 美元 =7 元人民币计算,中国远洋公司的现行海运费率为 6%,海运保险费率 3.5‰,现行外贸手续费率、中国银行财务手续费率、增值税率和关税税率分别按 1.5%、5‰、17%、17% 计取。

(2) M2 国内厂商报价为 100 万元 / 台;M3 国内厂商报价为 50 万元 / 台。

(3) 设备运杂费按设备原价的 2% 计取,工、器具购置费按设备购置费的 6% 计取。

(4) 生产车间的建筑工程费、安装工程费按设备购置费的 25% 和 8% 考虑。

(5) 办公楼总造价为 800 万元;厂区内辅助设施投资为 450 万元;建设项目其他费用为 500 万元。

(6) 基本预备费率取 10%;价差预备费为 194.58 万元。

(7) 以上资金来源全部为企业自有资金。

问题: 求建设期总投资(总造价)。

答题:

1. 首先计算设备及工器具购置费

(1) 进口设备购置费。

FOB= 美元 × 汇率 =100 × 7=700 万元。

国际运费 = 设备购置费 × 费率 =700 × 6%=42 万元。

国际运输保险 = (设备购置费 + 海运费) × 费率 / (1- 费率) = (700+42) × 3.5‰ ÷ (1-3.5‰) =2.61 万元。

CIF=FOB 价格 + 海运费 + 保险 =700+42+2.61=744.61 万元。

中国银行财务费 =FOB 价格 × 费率 =700 × 5‰=3.5 万元。

外贸手续费 =CIF 价格 × 费率 =744.61 × 1.5%=11.17 万元。

关税 =CIF 价格 × 费率 =744.61 × 17%=126.58 万元。

增值税 = (CIF+ 关税) × 费率 = (744.61+126.58) × 17%=148.10 万元。

进口设备原价 =CIF 价格 + 银行手续费 + 外贸手续费 + 增值税 =744.61+3.5+11.17+126.58+148.1=1033.96 万元。

进口设备购置费 = 进口设备原价 × (1+ 国内运杂费率)=1033.96 × (1+2%)=1054.64 万元。

（2）国产设备购置费。

设备购置费 = 设备采购 ×（1+ 国内运杂费率）=（100×2+50×2）×（1+2%）= 306 万元。

（3）工、器具购置费 = 总设备购置费 × 费率 =（1054.64+306）× 6%=81.64 万元。

（4）设备及工器具购置费 =1054.64+306+81.64=1442.28 万元。

2. 计算建筑安装费

（1）生产车间建筑工程费 = 设备购置费的 25%=1360.64×25%=340.16 万元。

（2）生产车间安装工程费 = 设备购置费的 6%=1360.64×8%=108.85 万元。

（3）其他建筑费用：办公楼 800 万元 + 厂内辅助设施 450 万元 =1250 万元。

3. 计算工程静态投资

基本预备费 =（设备购置费 + 建筑安装费 + 其他费用）×10%=（1442.28+340.16+108.85+800+450+500）×10%=364.13 万元。

工程静态投资 = 设备购置费 + 建筑安装费 + 其他费用 + 基本预备费 =1442.28+340.16+108.85+800+450+500+364.13=4005.42 万元。

4. 计算建设期总投资

涨价预备费 =194.58 万元。

自有资金投资，无建设期贷款利息。

建设投资 = 工程静态投资 + 涨价预备费 + 建设期贷款利息 =4005.42+194.58+0=4200 万元。

第二节 工程量清单编制及清单计价

案例 3：工程量清单编制及清单计价（建筑专业）

某钢筋混凝土框架结构建筑，总层数三层，首层建筑平面图、柱及基础梁布置图、框架梁结构图、独立柱基础图见图 7-1～图 7-4。首层板顶结构标高为 3.6m，外墙为 240mm 厚空心砖填充墙，M7.5 混合砂浆砌筑。M 为 2000mm×3000mm 的塑钢平开门；C 为 2400mm×1500mm 的铝合金推拉窗；窗台高 600mm。窗洞口上设钢筋混凝土过梁，截面为 240mm×180mm，过梁两端各伸出洞边 250mm。梁、板、柱的混凝土均采用 C30 混凝土，垫层采用 C10 混凝土。水泥砂浆地面。内墙面 20mm 厚 1:2.5 水泥砂浆抹面。天棚吊顶为轻钢龙骨矿棉板平面天棚，U形轻钢龙骨中距为450mm×450mm，面层为矿棉吸声板，吊顶底距离地面2.8m。

问题：

（1）依据《房屋建筑与装饰工程计量规范》（GB 50854—2013）的要求计算建筑物混凝土垫层、独立基础、基础梁以及首层柱、过梁、板、地面、天棚的工程量。

（2）根据表7-1中现浇混凝土梁定额消耗量、表7-2各种资源市场价格和管理费、利润及风险费率标准（管理费费率为人、材、机费用之和的12%，利润及风险费率为人、材、机、管理费用之和的4.5%。），编制KL1现浇混凝土梁工程量清单综合单价分析表，见表7-3。

表7-1　　　　　　　　　　　　混凝土梁定额消耗量

工作内容：
现浇混凝土矩形梁：混凝土搅拌、水平运输、浇捣；
混凝土养护：塑料薄膜覆盖养护。

单位：10m³

定额编号			5-572	5-573
项目		单位	现浇混凝土矩形梁	混凝土养护
人工	综合工日	工日	2.04	1.36
材料	C30商品混凝土（综合）	m³	10.05	
	塑料薄膜	m²		24.12
	水	m³	0.32	1.08
	其他材料费	元	68	
机械	插入式振捣器	台班	0.50	

表7-2　　　　　　　　　　　　各种资源市场价格表

序号	资源名称	单位	价格（元）	备注
1	综合工日	工日	50.00	包括：技工、力工
2	C30商品混凝土（综合）	m³	340.00	包括：搅拌、运输、浇灌
3	塑料薄膜	m²	0.40	
4	水	m³	3.90	
5	插入式振捣器	台班	10.74	

图 7-1 首层平面图（单位：mm）

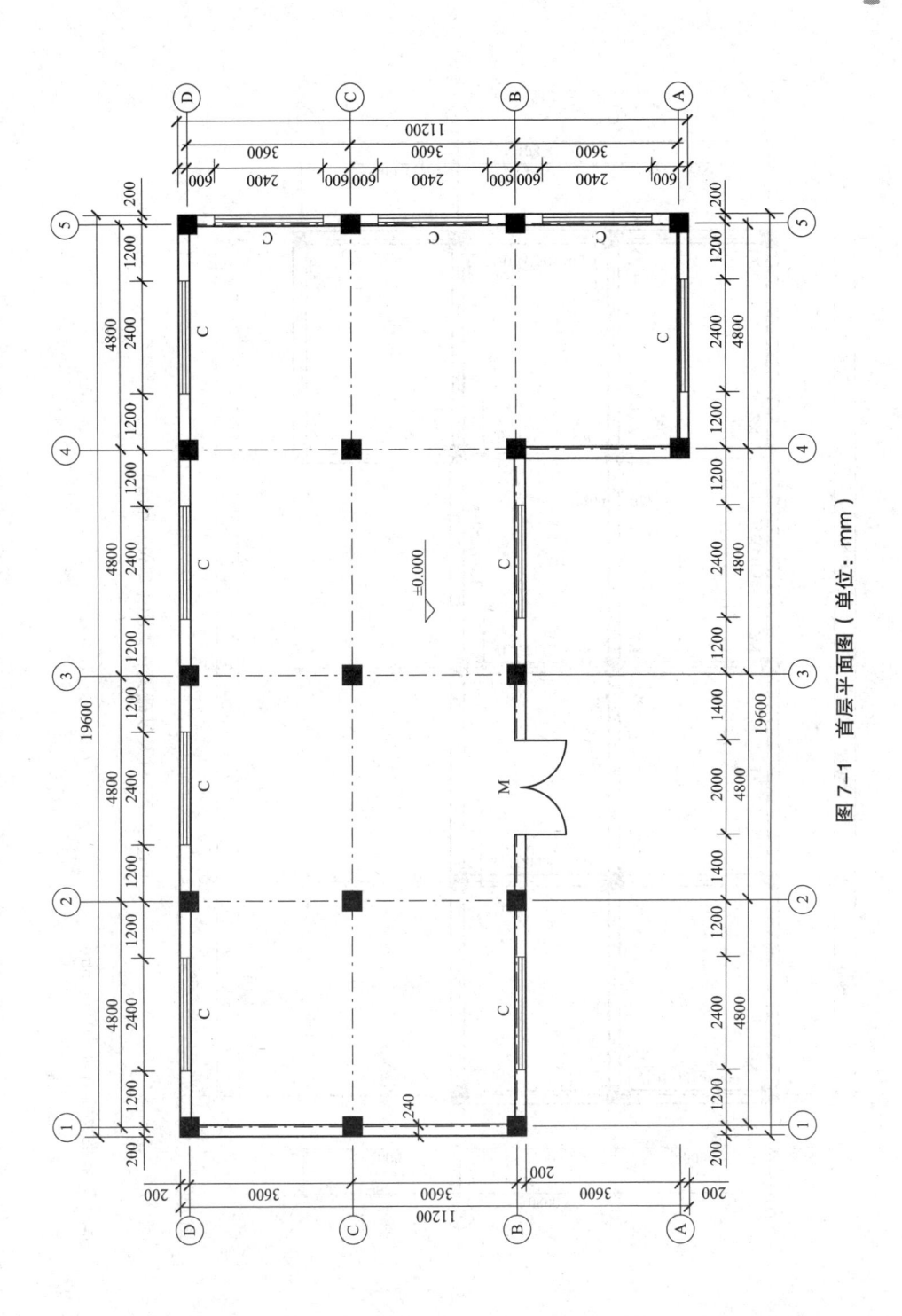

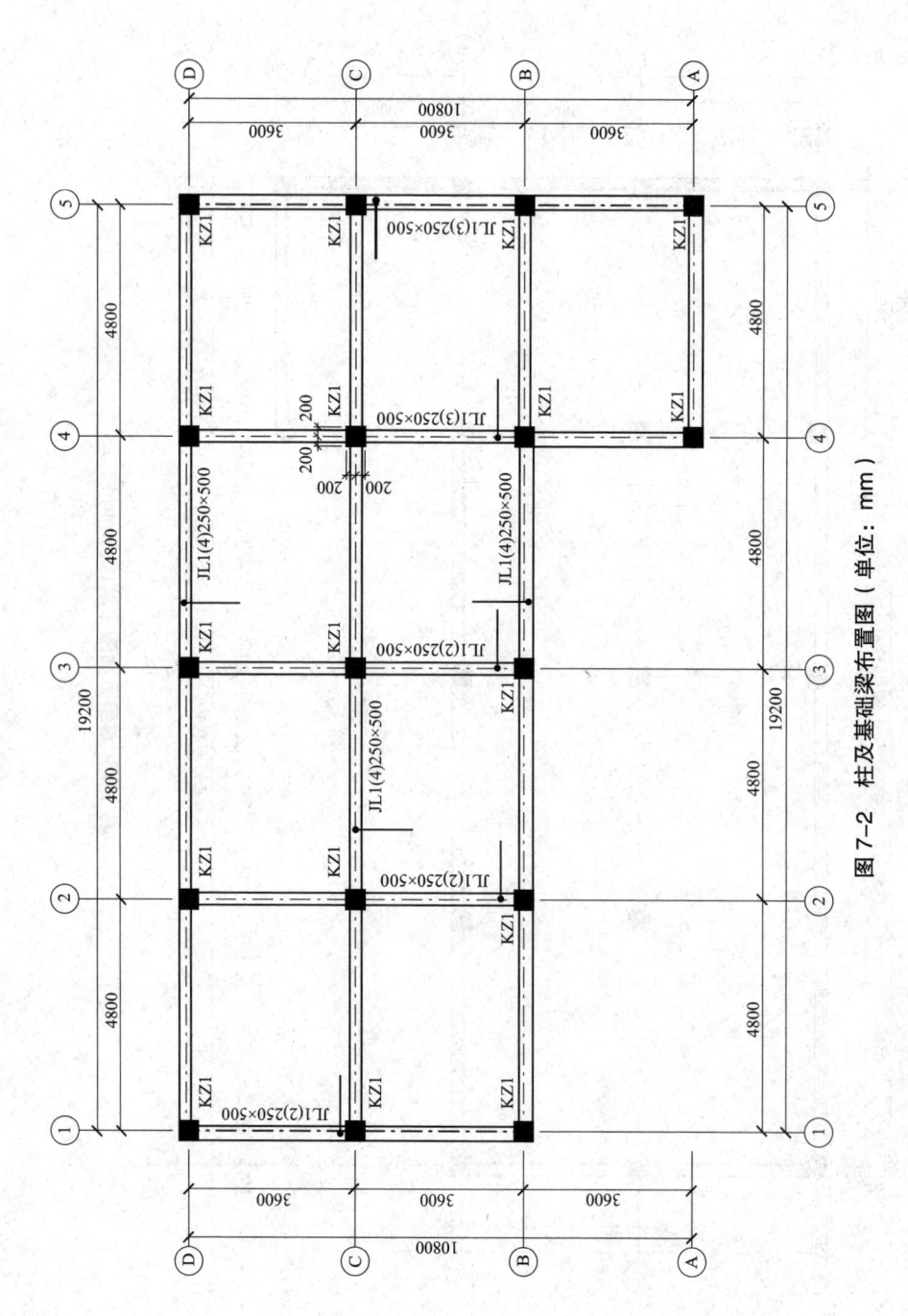

图 7-2 柱及基础梁布置图（单位：mm）

注：基础梁顶标高为 −0.300mm。

图 7-3 首层梁、板结构图（单位：mm）

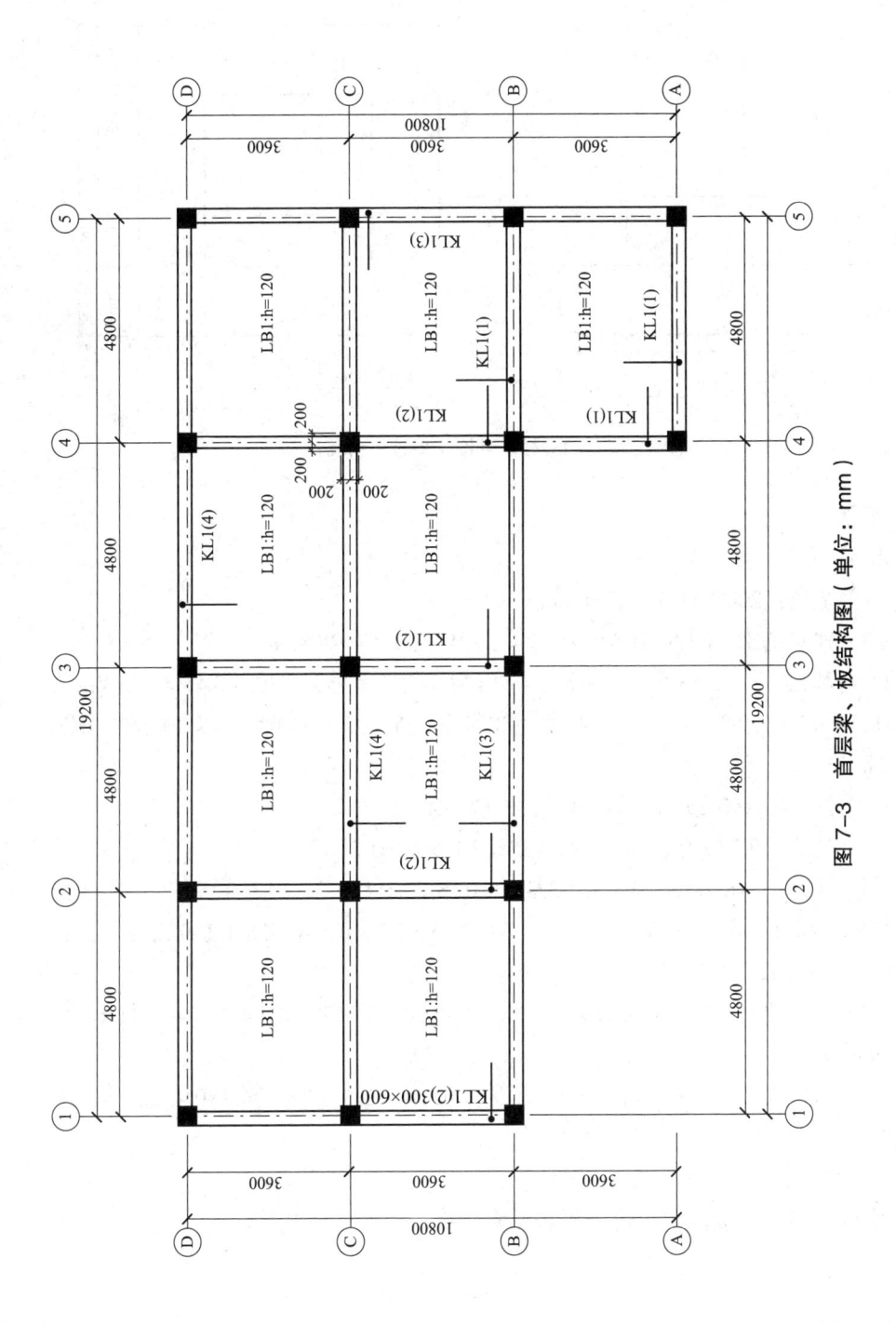

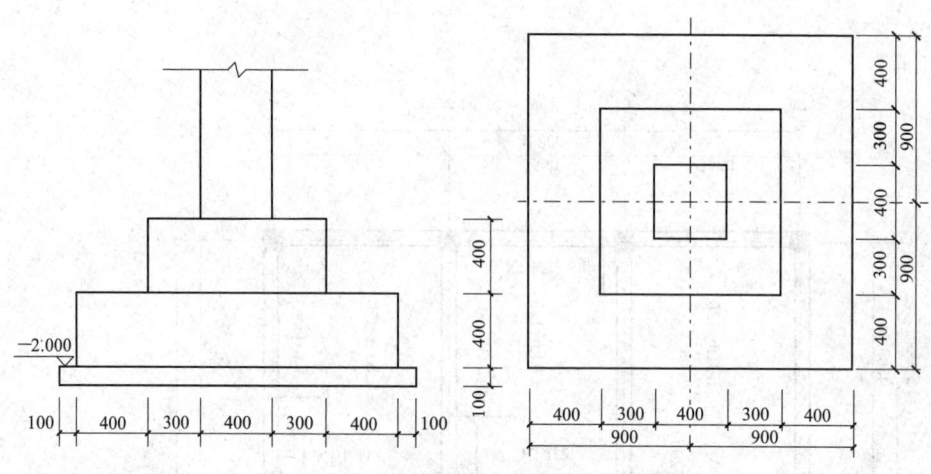

图 7-4 独立柱基础图（单位：mm）

答题：

1. 各项工程量计算

（1）垫层：$2\times2\times0.1\times17=6.8m^3$。

（2）独立基础：$(1.8\times1.8\times0.4+1\times1\times0.4)\times17=28.83m^3$。

（3）基础梁：$0.25\times0.5\times(4.8-0.4)$[A轴]$+0.25\times0.5\times(19.2-0.4\times4)\times3$[BCD轴]$+0.25\times0.5\times(7.2-0.4\times2)\times3$[①②③轴]$+0.25\times0.5\times(10.8-0.4\times3)\times2$[④⑤轴]$=11.95m^3$。

（4）柱：$0.4\times0.4\times(3.6+2-0.8)\times17=8.16m^3$。

（5）过梁：$0.24\times0.18\times(2.4+0.25\times2)\times10=1.25m^3$。

（6）楼板：$(4.8-0.1-0.15)\times(3.6-0.1-0.15)\times0.12\times3+(4.8-0.15\times2)\times(3.6-0.1-0.15)\times0.12\times4+(4.8-0.1-0.15)\times(3.6-0.15\times2)\times0.12+(4.8-0.1-0.1)\times(3.6-0.1-0.15)\times0.12=16.37m^3$。

（7）整体地面：$(19.6-0.24\times2)\times(7.6-0.24\times2)+3.6\times(4.8+0.4-0.24\times2)=153.99m^2$。

（8）吊顶天棚：$(19.6-0.24\times2)\times(7.6-0.24\times2)+3.6\times(4.8+0.4-0.24\times2)=153.99m^2$。

2. 混凝土梁工程量清单单价表

混凝土梁工程量清单单价分析表见表 7-3。

表 7-3 混凝土梁工程量清单单价分析表

工程名称：某钢筋混凝土框架结构工程　　标段：

项目编码	010503002001	项目名称	C30混凝土梁	计量单位	m³

清单综合单价组成明细

| 定额号 | 定额项目 | 计量单位 | 数量 | 单价（元） ||||| 合价（元） ||||
				人工费	材料费	机械费	管理费和利润	人工费	材料费	机械费	管理费和利润
5-572	混凝土浇筑	10m³	0.1	102	3486.2	5.37	612.4	10.20	348.62	0.537	61.24
5-573	混凝土养护	10m³	0.1	68	13.9		14	6.80	1.39		1.40
人工单价				小计				17.00	350.01	0.537	62.64
50元/工日				未计价材料（元）							
清单项目综合单价（元/m³）								430.19			

材料费明细	主要材料名称、规格、型号	单位	数量	单价（元）	合价（元）	暂估单价（元）	暂估合价（元）
	C30商品混凝土	m³	1.005	340.00	341.70		
	其他材料费（元）				8.31		
	材料费小计（元）				350.01		

案例4：工程量清单编制及清单计价（安装专业）

（1）某配水阀室工艺管道系统安装图见图7-5。

（2）管道工程的相关定额见表7-4。

企业管理费和利润分别是人工费的85%和35%。按照《建设工程工程量清单计价规范》（GB 50500—2013）的相关规定及统一编码（见表7-5），完成下列问题。

表7-4　　　　　　　　　　管道工程的相关定额

序号	项目名称	计量单位	安装费（元）			主材	
			人工费	材料费	机械费	单价	耗量
1	管道安装电弧焊 ϕ168	10m	347.20	60.82	187.53	6.5元/kg	9.5m
2	管道安装氩弧电焊联焊 ϕ168	10m	360.00	65.00	190.00	6.5元/kg	9.5m
3	高压管道水压试验	100m	353.30	115.60	88.50		
4	中低压管道水压试验	100m	294.32	95.80	26.60		
5	管道机械除锈	10m²	31.25	18.60	41.50		
6	管道喷砂除锈	10m²	42.50	35.80	62.20		
7	沥青加强级防腐	10m²	40.50	86.50	18.50		
8	氯磺化防腐	10m²	48.40	286.50	45.60		

表7-5　　　　　　　　　　工程量清单统一项目编码

项目编码	项目名称	项目编码	项目名称
030803001	高压碳钢管道	030809003	高压焊接阀门
031202008	埋地管道防腐蚀	031202009	环氧煤沥青防腐蚀

问题：

（1）按照图7-5，列式计算ϕ168×13mm、ϕ114×9mm、ϕ60×5.5mm、ϕ48×5mm、ϕ34×4mm管道（区分地上、地下敷设方式）、管件和管道防腐的清单工程量（计量范围以图示墙轴线为界）（保留两位小数）。

（2）按照图7-5中所列的阀门数量及规定的管道安装技术要求，编制管道、阀门分部分项工程量清单项目。

（3）按照条件（2），编制φ168×13mm管道（单重49.67kg/m）工程量清单综合单价（数量栏保留三位小数，其余保留两位小数）。

编号	名称	规格		
1	来水干管	φ114×9	▽-2.40	
2	来水干管	φ114×9	▽0.30	
3	冲洗管	φ48×5	▽0.30	
4、5	配水干管	φ168×13	▽0.50	
6	配水管	φ34×4	▽1.60	
7	冲洗管	φ48×5	▽-2.40	
8	出水管	φ48×5	▽0.30	
9	冲洗管	φ60×5.5		

设备材料表

编号	名称	型号及规格	单位	数量	备注
①	焊接闸阀	Z63Y-160 DN100	个	1	
②	焊接闸阀	Z63Y-160 DN40	个	5	
③	配水装置	GJZZ PN16 DN50	个	5	
④	焊接闸阀	Z63Y-160 DN50	个	6	

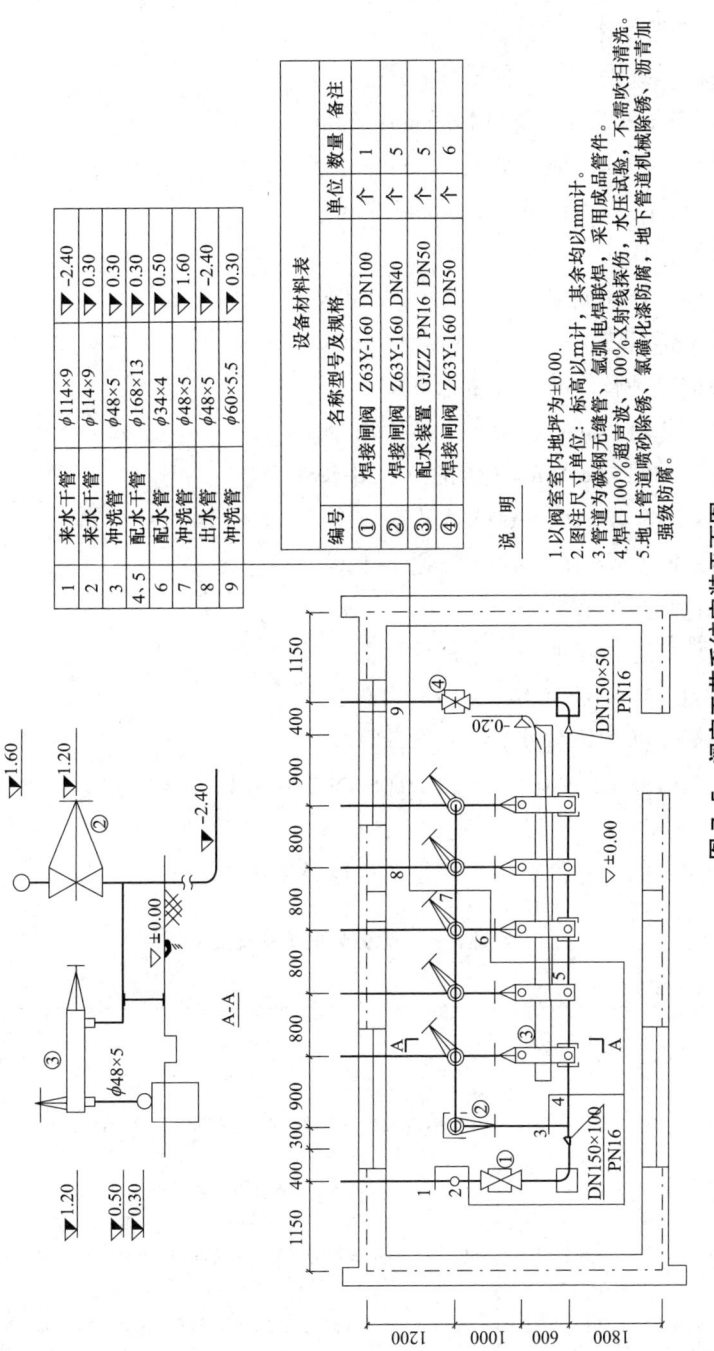

说　明

1. 以阀室内地坪为0.00。
2. 图注尺寸单位：标高以m计，其余均以mm计。
3. 管道为碳钢无缝管，氩弧电焊联焊，采用成品管件。
4. 焊口100%超声波，100%X射线探伤，水压试验，不需吹扫清洗。
5. 地上管道喷砂除锈，氯磺化漆防腐，地下管道机械除锈、沥青加强级防腐。

图7-5　阀室工艺系统安装平面图

答题：

1. 各项工程量计算

（1）碳钢无缝钢管的工程量计算式：

$\phi 168 \times 13mm$：5.3m；$\phi 114 \times 9mm$：5.9m。

地下敷设：3.6m；地上敷设：2.3m。

$\phi 60 \times 5.5mm$：3.2m；$\phi 48 \times 5mm$：33m。

地下敷设：18m。

地上敷设：15m。

$\phi 34 \times 4mm$：8.5m。

（2）碳钢成品管件的工程量计算式：

DN100（或$\phi 114mm$）：弯头 1+1+1=3个。

DN150×100（或$\phi 168 \times 114mm$）大小头 1个。

DN150×50（或$\phi 168 \times 60$）大小头 1个。

DN150×40（或$\phi 168 \times 48$）三通 1+5=6个。

小计：1+1+6=8个。

（3）埋地管道防腐蚀的工程量计算式：

3.14×（0.114×3.6+0.048×18）=4.002m²。

（4）环氧煤沥青防腐蚀的工程量计算式：

3.14×（0.168×5.3+0.114×2.3+0.06×3.2+0.048×15+0.034×8.5）=2.354m²。

2. 编制管道、阀门分部分项工程量清单项目

编制管道、阀门分部分项工程量清单项目见表7-6。

表7-6　　　　　　　管道、阀门分部分项工程量清单项目

工程名称：配水阀室　　　　　　　　　　标段：工艺管道系统安装

序号	项目编码	项目名称	项目描述特征	计量单位	工程量
1	030803001001	高压碳钢管	$\phi 168 \times 13mm$碳钢管、氩弧电焊联焊、水压试验	m	5.3
2	030803001002	高压碳钢管	$\phi 114 \times 9mm$碳钢管、氩弧电焊联焊、水压试验	m	5.9
3	030803001003	高压碳钢管	$\phi 60 \times 5.5mm$碳钢管、氩弧电焊联焊、水压试验	m	3.2
4	030803001004	高压碳钢管	$\phi 48 \times 5mm$碳钢管、氩弧电焊联焊、水压试验	m	33

续表

序号	项目编码	项目名称	项目描述特征	计量单位	工程量
5	030603001005	高压碳钢管	$\phi 34×4mm$ 碳钢管、氩弧电焊联焊、水压试验	m	8.5
6	030809003001	高压焊接阀门	Z63Y-160 DN100	个	1
7	030809003002	高压焊接阀门	Z63Y-160 DN50	个	6
8	030809003003	高压焊接阀门	Z63Y-160 DN40	个	5
9	031202008001	埋地管道防腐蚀	氯磺化防腐	m²	4.002
10	031202009001	环氧煤沥青防腐蚀	沥青加强级防腐	m²	2.354
本页小计					
合计					

3. 工程量清单综合单价分析表

工程量清单综合单价分析表见表7-7。

案例5：工程量清单编制及清单计价（电气专业）

某消防泵房动力安装工程如图7-6所示。

（1）AP1、AP2为定型动力配电箱，落地式安装，电源由双电源切换箱引来。

（2）4台设备基础顶面标高均为0.3m，埋地管标高为-0.1m，其至设备电动机的管高出基础顶面0.1m，均连接1根长0.8m同管径的金属软管，导线出管口后的预留长度均为1m。配电箱端管口标高0.1m。

（3）表7-8中数据为报价企业计算该动力安装工程的相关定额费用。

管理费和利润分别按人工费的55%和45%计。

（4）分部分项工程量清单的统一编码见表7-9。

表 7-7

工程量清单综合单价分析表

工程名称：配水阀室

| 项目编码 | 030603001001 | | 项目名称 | | 高压碳钢管 | | 计量单位 | | （m） |

标段：工艺管道系统安装

清单综合单价组成明细

定额编号	定额名称	定额单位	数量	单价				合价			
				人工费	材料费	机械费	管理费和利润	人工费	材料费	机械费	管理费和利润
1	管道焊接	10m	0.1	360.00	65.00	190.00	432.00	36.00	6.5	19.00	43.20
2	压力试验	100m	0.01	353.10	115.60	88.50	423.72	3.53	1.16	0.89	4.24
人工单价			小计					39.53	7.66	19.89	47.44
元/工日			未计价材料费					306.71			
清单项目综合单价								421.23			

材料费明细	主要材料名称规格、型号	单位	数量	单价（元）	合计（元）	暂估单价（元）	暂估合计（元）
	φ168×13mm 无缝碳钢管	kg	47.19	6.50	306.71	—	—
	其他材料费			—		—	
	材料费小计			—	306.71	—	

表 7-8　　　　　　　　　　动力安装工程的相关定额费用

定额项目名称	计量单位	安装费（元）			主材	
^	^	人工费	辅材费	机械使用费	单价（元）	损耗率（%）
管内穿线、动力线路 BV 6mm²	m	0.46	0.15	0	3.20	5

表 7-9　　　　　　　　　　分部分项工程量清单的统一编码

项目编码	项目名称	项目编码	项目名称
030411001	电气配管	030406006	电动机检查接线与调试低压交流异步电动机
030411004	电气配线	030404017	配电箱
030404031	小电器	030404015	控制台
030404019	控制开关	030404001	控制屏

问题：

（1）根据图示内容和《建设工程工程量清单计价规范》(GB 50500—2013)的规定，计算相关工程量和编制分部分项工程量清单，其中配管配线应列计算式，并填写分部分项工程量清单。

（2）计算每米穿线清单工程量的导线工程量，编制分部分项工程量清单综合单价计算表（计算过程和结果均保留两位小数）。

答题：

1. 各项工程量统计及工程量清单

（1）钢管 ϕ25mm 工程量：7+6+（0.1+0.3+0.1+0.1+0.1）×2=14.4m。

（2）钢管 ϕ32mm 工程量：4+3+（0.1+0.3+0.1+0.1+0.1）×2=8.4m。

（3）导线 BV 6mm² 工程量：14.4×4+4×4=73.6m。

（4）导线 BV 16mm² 工程量：8.4×4+4×4=49.6m。

分部分项工程量清单见表 7-10。

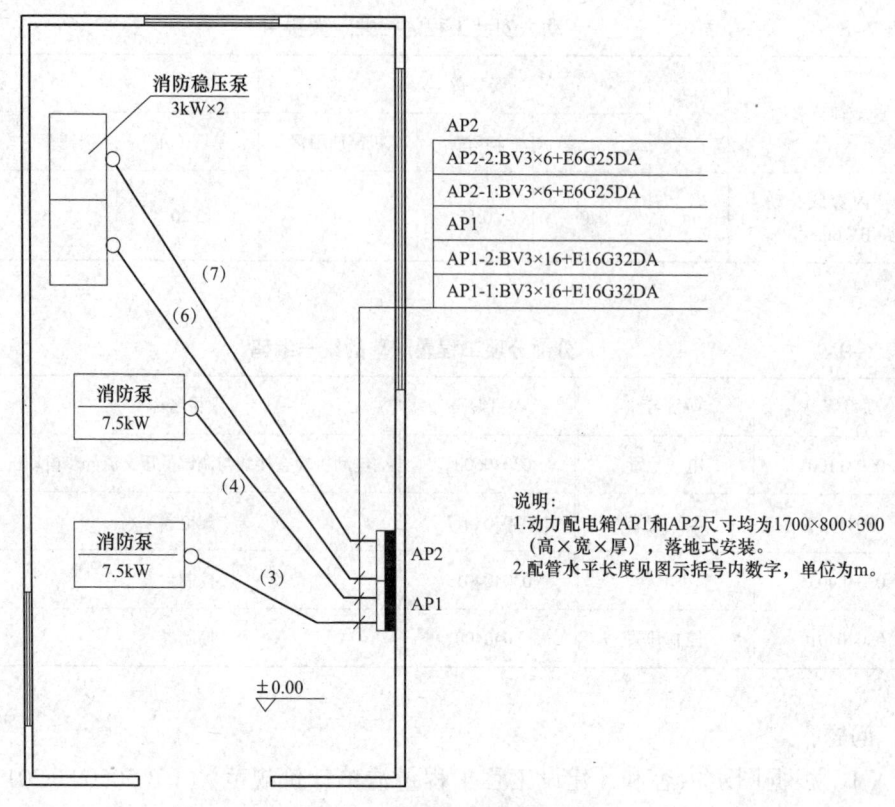

图 7-6 消防泵房动力平面图

表 7-10　　　　　　　　　　分部分项工程量清单

工程名称：消防泵房动力工程

序号	项目编码	项目名称	项目特征	计量单位	数量
1	030404017001	配电箱	动力配电箱 AP1 落地式安装	台	1
2	030404017002	配电箱	动力配电箱 AP2 落地式安装	台	1
3	030411001001	电气配管	钢管 ϕ25mm 暗配	m	1.4
4	030411001002	电气配管	钢管 ϕ32mm 暗敷	m	8.4
5	030412003001	电气配线	管内穿线 BV6mm^2	m	7.6
6	030412003002	电气配线	管内穿线 BV16mm^2	m	4.6
7	030406006001	电动机检查接线与调试	低压交流异步电动机 3kW	台	2
8	030406006002	电动机检查接线与调试	低压交流异步电动机 7.5kW	台	2

2. 每米导线工程量清单综合单价

每米导线工程量清单综合单价见表 7-11。

表 7-11　　　　　　　　　每米导线工程量清单综合单价表

项目编码	030411003001	项目名称	电气配线	计量单位		m	

清单综合单价组成明细

定额编号	定额项目名称	计量单位	数量	单价（元）				合价（元）			
				人工费	材料费	机械费	管理费和利润	人工费	材料费	机械费	管理费和利润
	管内穿线	m	1	0.46	0.15	0	0.46	0.46	0.15	0	0.46

人工单价（元/工日）	小计（元）	0.46	0.15	0	0.46
	未计价材料费（元）	3.36			
	清单项目综合单价（元/m）	4.43			

材料费明细	主要材料名称、规格、型号	单位	数量	单价（元）	合价（元）	暂估单价（元）	暂估合价（元）
	塑料铜芯线 BV 6mm^2	m	1.05	3.20	3.36		
	其他材料费（元）						
	材料费小计（元）				3.36		

第三节　工程结算管理

案例 6：工程结算款计算案例 1

某工程项目业主通过工程量清单招标方式确定某投标人为中标人，并与其签订了工程承包合同，工期 4 个月。部分工程价款条款如下：

分项工程清单中含有两个混凝土分项工程，工程量分别为甲项 2300m^3、乙项 3200m^3，清单报价中甲项综合单价为 180 元/m^3，乙项综合单价为 160 元/m^3。当某一分项工程实际工程量比清单工程量增加（或减少）10% 以上时，应进行调价，调价系数为 0.9（1.08）。

措施项目清单中含有 5 个项目，总费用 18 万元。其中，甲分项工程模板及其支撑措施费 2 万元、乙分项工程模板及其支撑措施费 3 万元，结算时，该两项费用按相应分项工程量变化比例调整；大型机械设备进出场及安拆费 6 万元，结算时，该项费用不调整；安全文明施工费为分部分项合价及模板措施费、大型机械设备进出场及安拆费各项合计的 2%，结算时，该项费用随取费基数变化而调整；其余措施费用，结算时不调整。

其他项目清单中仅含专业工程暂估价一项，费用为 20 万元。实际施工时经核定确认的费用为 17 万元。

施工过程中发生计日工费用 2.6 万元。

规费费率 3.32%；税金率 3.47%。

有关付款条款如下：

（1）材料预付款为分项工程费用的 20%，于开工前支付，在最后两个月平均扣除；

（2）措施项目费于开工前和开工后第 2 月末分两次平均支付；

（3）专业工程暂估价在最后 1 个月按实结算；

（4）业主按每次承包商应得工程款的 90% 支付；

（5）工程竣工验收通过后进行结算，并按实际总造价的 5% 扣留工程质量保证金。

承包商每月实际完成并经签证确认的工程量如表 7-12 所示。

表 7-12　　　　　　　每月实际完成工程量表　　　　　　　单位：m³

分项工程 \ 月份	1	2	3	4	累计
甲	500	800	800	200	2300
乙	700	900	800	400	2800

问题：

（1）该工程预计合同总价为多少？材料预付款是多少？首次支付措施项目费是多少？

（2）每月分项工程量价款是多少？承包商每月应得的工程款是多少？

（3）分项工程量总价款是多少？竣工结算前，承包商应得累计工程款是多少？

（4）实际工程总造价是多少？竣工结算时，业主尚应支付给承包商工程款为多少？

答题：

1. 问题（1）

预计合同价：（2300×180+3200×160+180000+200000）×（1+3.32%）×（1+3.47%）
=（926000+180000+200000）×1.069=1396182元=139.62万元。

材料预付款：（92.600）×20%=18.52万元。

措施项目费首次支付：18×1.069×50%×90%=8.659万元。

2. 问题（2）

（1）第1个月分项工程量价款：（500×180+700×160）×1.069=21.594万元。

承包商应得工程款：21.594×90%=19.434万元。

（2）第2个月分项工程量价款：（800×180+900×160）×1.069=30.787万元。

措施项目费第二次支付：18×（1.069）×50%×90%=8.659万元。

承包商应得工程款：30.787×90%+8.659=36.367万元。

（3）第3个月分项工程量价款：（800×180+800×160）×1.069=29.077万元。

应扣预付款：18.52×50%=9.26万元。

承包商应得工程款：29.077×90%–9.26=17.548万元。

（4）第4个月甲分项工程量价款：200×180×1.069=3.848万元。

乙分项工程工程量价款：2800×160×1.08×1.069–（700+900+800）×160×1.069=10.673万元。

甲、乙两分项工程量价款：3.848+10.673=14.521万元。

专业工程暂估价、计日工费用结算款：（17+2.6）×1.069=20.952万元。

应扣预付款为：9.26万元。

承包商应得工程款：（14.521+20.952）×90%–9.26=22.666万元。

3. 问题（3）

分项工程量总价款：21.594+30.787+29.077+14.521=95.979万元。

竣工结算前承包商应得累计工程款：19.434+36.367+17.548+22.666=96.015万元。

4. 问题（4）

乙分项工程的模板及其支撑措施项目费变化：3×（–400/3200）=–0.375万元。

分项工程量价款变化：95.979/1.069–（2300×180+3200×160）/10000=–2.816万元。

安全文明施工措施项目费调整：（-0.375-2.816）×2%=-0.064 万元。

工程实际总造价：95.979+（18-0.375-0.064）×1.069+20.952=135.704 万元。

竣工结算时，业主尚应支付给承包商工程款：135.704×（1-5%）-18.52-8.659-96.015=5.725 万元。

案例 7：工程结算款计算案例 2

某工程项目，建设单位通过公开招标方式确定某施工单位为中标人，双方签订了工程承包合同，合同工期 3 个月。

合同中有关工程价款及其支付的条款如下：

（1）分项工程清单中含有两个工程，工程量分别为甲项 4500 m^3，乙项 31000 m^3，清单报价中，甲项综合单价为 200 元/m^3，乙项工程直接费用数据见表 7-13。

表 7-13　　　　乙项工程量清单综合单价分析基础数据表　　　　单位：元/m^3

人工费	材料费	机械费			
		反铲挖掘机	履带式推土机	轮式装卸机	自卸卡车
0.54	0	1.83	1.39	1.50	5.63

（2）措施项目清单共有 7 个项目，其中环境保护等 3 项措施费用 4.5 万元，这 3 项措施费用以分项工程实际总费用为基数进行结算。剩余的 4 项措施费用共计 16 万元，一次性包死，不得调价。

（3）其他项目清单中只包括暂列金额 5 万元，在施工过程中发生计日工费用 4.6 万元。

（4）该工程管理费率为 12%，利润及风险为 6%，规费综合费率为 4.89%，税金为 3.47%。

（5）工程预付款为分项工程费用的 20%，在开工前支付，工期内的后两个月平均扣除。

（6）措施项目全部费用在开工后的第一个月末和第 2 个月末分两次平均支付。

（7）环境保护措施等 3 项费用和其他项目费用在竣工结算时结清，多退少补。

（8）当某一分项工程实际工程量比清单工程量增减超出 10% 时，应调整综合单价，调整系数为 0.9（1.1）。

（9）业主按每次承包商应得工程款的 85% 支付。

（10）工程竣工验收后 30 天内进行工程结算，扣除实际工程造价的 3% 作用工程质量保证金，其余工程款一次性结清。

施工工期内，承包商每月实际完成并经工程师签证确认的工程量见表 7-14。

表 7-14　　　　　　　　每月实际完成工作量表　　　　　　　　单位：m³

分项工程 \ 月份	1	2	3	合计
甲	1600	1600	1500	4700
乙	8000	9000	8000	25000

问题：

（1）乙分项工程的综合单价为每立方米多少元？甲、乙两项分项工程费用为多少万元？

（2）该工程签约合同价和工程预付款为多少万元？

（3）每月分项工程费用、措施项目费用和承包商应得工程款为多少万元？

（4）该工程实际分项工程费用、措施项目费用和实际结算总造价为多少万元？竣工验收通过后 30 天内办理竣工结算，结算尾款为多少万元？

答题：

1. 问题（1）

（1）乙分项工程综合单价：（0.54+0+1.83+1.39+1.50+5.63）×（1+12%）×（1+6%）=12.93 元 /m³。

（2）甲、乙两项分项工程费用：4500×200+31000×12.93=1300830 元 =130.083 万元。

2. 问题（2）

（1）签约合同价款：（130.083+4.5+16+5）×（1+4.89%）(1+3.47%)=168.854 万元。

（2）工程预付款：130.083×20%=26.017 万元。

3. 问题（3）

（1）第 1 个月：

1）分项工程费用：1600×200+8000×12.93=423440 元 =42.344 万元。

2）措施项目费用：（4.5+16）/2=10.25 万元。

3）承包商应得工程款：（42.344+10.25）×（1+4.89%）×（1+3.47%）×85%=48.518 万元。

（2）第 2 个月：

1）分项工程费用：1600×200+9000×12.93=436370 元 =43.637 万元。

2）措施项目费用：10.25 万元。

3）应扣工程预付款：26.017/2=13.009 万元。

4）承包商应得工程款：（43.637+10.25）×（1+4.89%）×（1+3.47%）×85%−13.009=36.702 万元。

（3）第 3 个月：

1）分项工程费用如下：

甲分项工程累计完成工程量：1600+1600+1500=4700m^3，比清单工程量增加 200m^3，增加百分比 200/4500=4.44%<10%，仍按原综合单价结算。

甲分项工程费用：1500×200=30 万元。

乙分项工程累计完成工程量：8000+9000+8000=25000m^3，与清单工程量减少 6000m^3，减少百分比 6000/31000=19.35%>10%。

乙分项工程的全部工程量应按调整后的综合单价结算：25000×12.93×1.1−（8000+9000）×12.93=135765 元 =13.577 万元。

分项工程费用合计：30+13.577=43.577 万元。

2）应扣工程预付款：13.009 万元。

3）承包商应得工程款：43.577×（1+4.89%）×（1+3.47%）×85% −13.009 = 27.191 万元。

4. 问题（4）

（1）分项工程费用：42.344+43.637+43.577=129.558 万元。

（2）措施项目费用：4.5×129.558/130.083+16=20.482 万元。

（3）工程结算总造价：（129.558+20.482+4.6）×（1+4.89%）×（1+3.47%）=167.830 万元。

（4）竣工结算尾款：167.830×（1−3%）−26.017−（48.518+36.702+27.191）=24.367 万元。

案例 8：具体施工与定额规定不符的结算

某小型发电厂项目总承包合同执行《电力建设工程概算定额（2013 版）》进行结算，该电厂汽轮机运转层平台采用浇制混凝土梁板结构，板厚为 120mm，计算工程量为 1762m^2。该运转层平台的非框架梁尺寸较大，数量较多，经计算板下非框架梁工程量为283m³。站在总承包方角度，作为一名商务合同部结算人员，你认为应当如何结算该项费用能够最大程度保障施工方利益，以及怎样说服业主方认可你的结算方案？

方案分析：

根据《电力建设工程概算定额（2013年版）》，汽轮机运转层平台浇制混凝土梁板的工作内容包括板和板下非框架结构的钢筋混凝土梁，该子目混凝土含量为 $0.1539m^3/m^2$，$1762m^2$ 汽轮机运转层平台含混凝土 $1762×0.1539=271.17m^3$，实际该汽轮机运转层平台板和板下非框架梁实际混凝土量为 $1762×0.12+283=494.44m^3$，该汽轮机运转层平台实际混凝土量比定额含混凝土量增加 $494.44–271.17=223.27m^3$，增加比例为 $223.27/271.17=82.34\%$，增加比例过大，因此应将增加的 $223.27m^3$ 单独套用主厂房钢筋混凝土梁子目结算。

答题：

（1）根据概算定额使用指南，概算定额消耗量是通过计算各地区有代表性的不同类型工程的施工图纸预算工程量，在综合分析定额子目预算量的基础上形成的，具有普遍代表性，而该汽轮机运转层平台属于非框架梁尺寸较大，数量较多，实际混凝土量与定额含量相差82.34%，相差比例过大，属于特殊情况。

（2）定额说明中未提到当该定额子目的混凝土含量与实际发生不同时不进行调整。所以从合同角度，承包方提出调整并没有违反合同约定结算方式。

参考文献

[1] 国家能源局.火力发电工程建设预算编制与计算规定（2013版）[M].北京：中国电力出版社，2013.

[2] 全国造价工程师执业资格考试培训教材编审委员会.全国造价工程师执业资格考试培训教材（2013版）[M].北京：中国计划出版社，2013.

[3] 沈祥华.建设工程概预算[M].武汉：武汉理工大学出版社，2014.